职教教师科研工作实例操作丛书

浙江省社科普及资助项目（编号：21KPWT01ZD-3YB）

职教科研问卷设计与处理
实例分析

浙江省中华职业教育社 组织编写

陈 衍 主审　　周 佳 主编

浙江工商大学出版社
ZHEJIANG GONGSHANG UNIVERSITY PRESS
·杭州·

图书在版编目(CIP)数据

职教科研问卷设计与处理实例分析 / 周佳主编. —杭州 ：
浙江工商大学出版社，2021.6
  （职教教师科研工作实例操作丛书 / 朱国锋主编）
  ISBN 978-7-5178-4337-5

  Ⅰ．①职… Ⅱ．①周… Ⅲ．①职业教育－教育研究－
问卷调查－案例 Ⅳ．①G712

  中国版本图书馆CIP数据核字(2021)第031481号

职教科研问卷设计与处理实例分析
ZHIJIAO KEYAN WENJUAN SHEJI YU CHULI SHILI FENXI
陈 衍 主审 周 佳 主编

责任编辑	谭娟娟
封面设计	林朦朦
责任印制	包建辉
出版发行	浙江工商大学出版社
	（杭州市教工路198号　邮政编码310012）
	（E-mail：zjgsupress@163.com）
	（网址：http://www.zjgsupress.com）
	电话：0571-88904980，88831806（传真）
排　版	杭州彩地电脑图文有限公司
印　刷	杭州杭新印务有限公司
开　本	710mm×1000mm　1/16
印　张	20.25
字　数	251千
版印次	2021年6月第1版　2021年6月第1次印刷
书　号	ISBN 978-7-5178-4337-5
定　价	50.00元

本丛书获浙江省社科联社科普及项目资助

立项编号：21KPWT01ZD

立项名称：职教教师科研工作实例操作丛书

组织单位：浙江省中华职业教育社

丛书总主审：

仇赗泓（浙江省中华职业教育社副主任、宣传教育委员会主任，省人力
社保厅原副厅长）

丛书总主编：

朱国锋（浙江省中华职业教育社宣传教育委员会副主任、浙江交通职业
技术学院教授）

/ 指导委员会 /

主　任：

仇贻泓（浙江省中华职业教育社副主任、宣传教育委员会主任，省人力
　　　社保厅原副厅长）

委　员：

于永明（浙江省中华职业教育社副主任，省教育厅党委委员、副厅长）

邢自霞（浙江省中华职业教育社副主任，省财政厅党组成员、副厅长）

郑亚莉（浙江省中华职业教育社副主任、交流合作委员会主任，浙江金
　　　融职业学院院长、教授）

潘云峰（浙江省中华职业教育社副主任、浙江荣盛建设有限公司总裁）

胡方亚（浙江省中华职业教育社副秘书长）

王志泉（浙江省中华职业教育社宣传教育委员会副主任、省教育厅二级
　　　巡视员）

洪在有（浙江省中华职业教育社宣传教育委员会副主任、省人力社保厅
　　　职业能力建设处副处长）

朱国锋（浙江省中华职业教育社宣传教育委员会副主任、浙江交通职业
　　　技术学院教授）

汪传魁（浙江省中华职业教育社社会服务委员会副主任、天成职业技术

杨琼飞（杭州市旅游职业学校校长）

俞浩奇（宁波外事学校校长）

陈　列（宁波建设工程学校校长）

赵百源（柯桥区职业教育中心校长）

毛　芳（龙游县职业技术学校校长）

谢卫民（三门县职业中等专业学校校长、党委书记）

曾国健（丽水市龙泉市中等职业学校校长）

程新杰（杭州市计算机学校校长、"一技成"天赋教育联盟秘书长）

周燕波（衢州市南孔职业培训学校董事长）

张　旻（中国亚厦控股集团副总裁）

毛英俊（锦绣江山外国语学校董事长、浙江金和龙房地产公司董事长）

/ 总　序 /

王利月

（浙江省委统战部副部长、省中华职业教育社常务副主任）

　　职业教育与普通教育是两种不同的教育类型，但具有同等重要地位。随着我国经济社会发展，职业教育在社会主义现代化建设中的地位和作用更加突出，上升到"没有职业教育现代化就没有教育现代化"的高度。作为职业教育先进地区，浙江省一贯重视推进职业教育现代化建设，积极把职业教育融入"两个高水平"建设大局，致力于打造职业教育的"浙江样板"，并向"成为新时代全面展示中国特色社会主义制度优越性的重要窗口"的新定位、新目标积极努力。

　　拥有一支优秀的职业教育教师队伍，是推动职业教育进一步改革发展的关键。浙江省中华职业教育社作为省委省政府团结、联系职业教育界和民办教育界人士的桥梁和纽带，积极开展服务职业教育改革发展的各项工作。为助力职业教育教师队伍的培养，我们设立了"浙江省中华职业教育科研项目"，推动职业教育工作者积极开展科研活动，得到了广大职业教育工作者的热烈拥护和广泛好评。

　　职教科研是职业教育工作者的一种创造性认识活动。这种创造性认识活动的顺利开展，需要职业教育工作者特别是教师具备三方面的条件：

一是强烈的科研愿望，二是一定的科学研究能力，三是掌握一定的科研方法。当前，大部分职教教师能够深刻认识开展科研工作的意义，具有强烈的开展科研工作的愿望。但由于科研经验和能力的不足，许多教师在起步阶段不得要领，不知从何下手，一旦遇到挫折，比如申报浙江省中华职业教育科研项目未能成功，便渐渐失去开展科研工作的热情和耐心。这对于自身的进一步成长是不利的，也是非常可惜的。

为切实解答当前一线职教教师在科研工作中的实际困惑，更好地提高广大职教教师的科研能力，帮助职教教师成长成才，浙江省中华职业教育社邀请省内一些长期从事职教工作的专家和老师，编著了"职教教师科研工作实例操作丛书"。本套丛书不追求艰深的科学研究理论，而是力求让职教理论联系工作实际，以职业教育科研实践中遇到的实际问题为突破口，收集大量案例，注重示范性和操作性，致力于为一线职教教师开展科研工作提供有力指导，有很强的可读性。

这套丛书的作者们基于对职业教育的热爱，对职教科研的热爱，希望为职教教师们做一件有意义的事情。我深深感到，像这样致力于职教科研的老师再多一些，科研型教师的队伍再庞大一些，职教科研的前景一定会更加美好。我更加期望，职教教师在做好教学工作的同时，能够更加热爱职教科学研究，那么，我们的职业教育前景也一定会更加美好！

是为序。

/ 目　录 /

第一章

问卷调查概述

　　为了更好地认识客观世界及其发展规律，人们常常要对客观事物进行调查与研究。研究者在确立研究目标后，通过收集资料，分析数据并得出最终的结论。进行调查研究的方法有很多，例如访谈法、观察法、问卷法、文献研究法等，其中问卷法由于其较为广泛的适用性和强大的资料收集能力为研究者所青睐。

第一节 问卷调查的概念和类型

一、问卷调查的概念

问卷是一种用来收集资料的工具，是一套有目的、有系统及有顺序的问题表格设计。[①] 问卷调查则是调查者通过问卷对调查对象的某些社会生活状况及其对于某些社会现象或行为的看法、态度、状况等方面进行询问并记录的调查方法。[②] 调查者往往使用事先设计好的问卷收集信息，对调查对象进行研究分析。

二、调查问卷的类型

（一）根据资料收集方式进行划分

根据资料收集方式的不同，可以将调查问卷分为自填式问卷和访问式问卷。

自填式问卷是由被调查者自己填写的问卷，其指导语表述如实例1-1所示。

---

①风笑天：《社会调查方法》（第三版），中国人民大学出版社2019年版，第85页。
②翟振武：《社会调查问卷设计与应用》，中国人民大学出版社2019年版，第3页。

实例1-1：自填式问卷

亲爱的同学：

您好！这是一份关于大学生职业价值观的调查问卷，目的是了解您对职业及其相关内容的真实想法。本问卷是匿名的，所有信息仅做课题研究用，我们将对问卷调查信息严格保密。请您仔细阅读后，如实地在合适的选项上划"√"或发表意见。我们对您给予的支持与帮助表示诚挚的感谢。

访问式问卷则由访问员面对面或者以电话、网络等访谈方式，把被调查者的回答记录填写在问卷或者数据系统中，其指导语表述如实例1-2所示。

实例1-2[①]：访问式问卷

您好！我是中国国际广告公司派来的访问员，我们经常访问北京的一些居民，做有关广告及报纸杂志、广播、电视等方面的意见统计，此次希望您能在百忙之中回答我们提出的一些问题，对于您给予的合作，我们不胜感激，并送您一个小纪念品。

谢谢！

自填式问卷和访问式问卷各有优势，也各有缺陷。自填式问卷不仅可以避免由调查员倾向性提问造成的误差，而且在比较短的时间内可以同时调查很多被调查者，省时又省力。但是自填式问卷也存在一些局限性：首先，它对被调查者有较高的要求——他们要具备一定的文化水平和理解能力；其次，问卷的难度不能过大，复杂程度不能过高，不然会给被调查者填答带来困难，影响问卷填答质量；最后，自填式问卷的回

---

①风笑天：《社会调查中的问卷设计》（第三版），人民大学出版社2014年版，第43—44页。

收率比较低，填答的完整性较差。一般来讲，自填式问卷可以通过当面发放、邮寄发送、随报刊发送、网络发送等方式进行。

访问式问卷的操作流程相对于自填式问卷而言更加严格，操作更加规范，在各个环节都有一套统一的标准和要求。访问式问卷的最大优点是有利于选择调查对象和控制访问过程，能灵活使用各种访谈方法和技巧及对回答的结果做出统一的分析和评价。相对而言，该问卷的回复率、问卷填答的质量都有一定的保证。但是它的缺点也是显而易见的，不仅要花费大量的人力和物力，而且对调查人员的专业素质、调查技巧，被调查者的合作态度等要求都较高。针对访问式问卷，可以采用当面访问形式，也可以采用电话访问形式。

（二）根据问卷采用形式进行划分

根据问卷采用的形式不同，可以将问卷分为纸质问卷和网络问卷。

纸质问卷调查是传统的问卷调查方式，需要通过人工来分发问卷。网络问卷调查则是借助计算机辅助完成调查，包括依靠调查问卷网站等进行的问卷调查方式。

纸质问卷调查的优势是数据质量相对较高，一般情况下，被调查者面对实际的问卷会更认真一些；纸质问卷调查在问题设计形式上也可以更加灵活，而有些在线网络问卷未必支持一些个性化的题目设计要求。但是，纸质问卷调查的缺点也比较明显：第一是成本较高，包括印刷成本、人工录入和分析成本等；第二是传递过程相对费事，传递面相对较窄。

网络问卷调查的突出优势是方便省事，问题录入后直接通过答题链接、二维码等形式就能快速发送给被调查者，传递速度快，传递面广，能实现对数据的直接分析和批量导出；另外，作答方式也更符合大多数人的使用习惯，对于被调查者来讲，能随时随地通过移动设备完成作答，而无须特地安排。网络问卷调查的主要缺点是由于作答过程不可控等带来的数据真实性问题；另外，网络问卷调查需要一定的技术设备支持，同时，采用网络问卷调查形式的研究者也需要掌握一定的网页设计或者网络使用的技能。

（三）根据问题答案类型进行划分

根据问题答案类型的不同，问卷可分为结构式、开放式、半结构式3种基本类型。

结构式问卷通常也称封闭式或闭口式问卷，这种问卷的答案均已确定，由被调查者在现有的答案选项中进行选择。例如在一项对大学生职业价值观的调查中，设计者设计了如下问题，如实例1-3所示。

实例1-3：在职业选择方面，你最看重什么？

1. 社会贡献大　　　　　　2. 社会地位高

3. 高收入　　　　　　　　4. 有发展前景

5. 工作稳定有保障　　　　6. 专业对口

7. 符合兴趣，发挥特长　　8. 其他 _____（请注明）

开放式问卷也称开口式问卷，这种问卷不设置固定的答案，让被调查者自由发挥。例如在一项对大学生综合素质测评制度的调查中，设计者设计了如下问题，如实例1-4所示。

实例1-4：请问你认为综合测评制度还有什么缺点？你有哪些改善建议？

半结构式问卷则介于结构式问卷和开放式问卷两者之间，问题的答案既有事先给定的标准选项，也有让被调查者自由回答的部分。

结构式问卷的形式比较简单，因此填答起来比较省时省力，可以将不相干的回答减少到最低程度，且容易为被调查者所接受，从而有利于提高调查问卷的回收率和有效率；同时在数据分析时也相对简单。但是，结构式问卷本身对答案选项的设置要求比较高，例如在技术层面不能有重复、不能有遗漏、归类要合理等，一旦设计有缺陷，被调查者就可能无法正确回答问题，从而影响调查质量，因此要求设计者对该调查领域有比较深入的了解；答案的设置对被调查者来说也容易产生引导性倾向，且被调查者只能在规定的范围内回答，可能无法反映其真实的想法；另外，结构式问卷所能提供的选项比较简单，不利于进行深层次的原因分析。

开放式问卷对设计者对调查领域相关知识的掌握的要求比较低，其可以让被调查者充分地表达自己的看法和理由，并且比较深入，故而能收集到翔实的资料，比较有利于收集到涉及行为或现象背后的原因等深层次的问题，适合进行探索性研究。但开放式问卷对被调查者而言需要花费更多的时间和精力，同时对被调查者有一定的文化程度要求，加上很多人不太愿意用文字来表达，就往往容易降低答题率；开放式问卷收集到的信息五花八门，会掺杂较多的无用信息，提升了数据统计分析的难度。

半结构式问卷吸收了上述两者的长处，在实际调查中运用较为广泛。研究者可以根据自己的调查目的，将不同的问题设置成不同的结构类型，以便更好地达到调查目的。

第二节　问卷调查的适用范围

一、与其他调查方式的比较

任何一种调查研究的方法，在运用过程中都有其自身的适用性和局限性。以下通过把问卷调查法与其他方法进行对比，以讨论其适用范围。

首先，以访谈法为例。访谈法比较适用于小范围内的调查，因为其需要投入较多的人力、物力、财力，大规模的访谈调查受到一定的限制，所以访谈法不适合调查对象较多的情况；另外，访谈法获得的资料相对分散，难以整理更难以量化。问卷调查法则较好地解决了上述问题。

其次，以观察法为例。观察法要依靠观察者通过感官或借助一定的科学仪器，对社会生活中人们的行为进行观察，进而搜集各种资料。尽管是亲眼所见，但是观察者只能观察到外表现象和某些物质结构，不能直接观察到事物的本质。问卷调查法则可以由被调查者自行表达其想法。

最后，以文献研究法为例。文献研究法是对某个研究领域的已有研究成果，既可以包括书籍、期刊等以文字、图画等形式保存的文献资料，也可以是政府发布的一些统计数据如各地统计年鉴等，通过文献检索等方式进行收集、归纳、整理。通过文献研究，省时又省力，可以充分利用前人的研究成果，避免了重复劳动，又能在较短的时间内获取丰富的信息。然而，通过文献研究法获得的调查资料具有二手性的特点，常常不符合研究者的研究目的，对当前的研究可能缺乏针对性，因此资料的质量也就难以保证了。问卷调查法则可以针对研究目标设计相应问题，在短时间内获取大量的一手资料，匹配研究目的。

当前，运用问卷调查法进行研究的情形还是比较多的。例如，芜湖职业技术学院的吴庆国在安徽省哲学社会科学规划课题中，采用了问卷调查的方法对"村改居"社区治理成效进行研究，并在《福建论坛（人文社会科学版）》上发表论文《"村改居"社区治理的评价与建议——基于 2560 份调查问卷的实证分析》。吴庆国共发放 2725 份问卷，通过对 2560 份有效问卷的调查指标值域分析，社会指标的因子方差、因子载荷矩阵及验证性因素的实证分析，呈现了"村改居"社区治理总体发展趋势和特征。[①]面对这样规模的调查，如果单纯依靠访谈法或者观察法，是很难实现的，问卷调查法则能解决很多实际问题。

二、不同类型的问卷调查的适用范围比较

在与其他调查研究的方法对比的过程中，不难发现，问卷调查法能进行大规模调查，能获取被调查者的反馈，并且对于收集的资料易于整理和量化，因而具有较大的适用范围。然而，问卷调查的类型比较丰富，不同结构类型的调查问卷，适用范围有所不同。

（一）自填式问卷与访问式问卷的比较

访问式问卷由于不需要被调查者自行阅读问卷，对被调查者的文化层次要求不高，从这一点来讲，其适用范围较广。然而，如前所述，访问式问卷不仅对人力、物力的要求比较高，而且耗时长，所以在实际中

[①]吴庆国：《"村改居"社区治理的评价与建议——基于2560份调查问卷的实证分析》，福建论坛（人文社会科学版）2017第2期，第166—173页。

使用的比例并不高，范围也受到一定的限制。因此，访问式问卷比较适合于有充分的人力、物力，以及充裕的时间时使用。

在没有充分的访问式问卷施行条件的情况下，通常采用自填式问卷进行调查。在实践中，自填式问卷的应用比例很高，然而自填式问卷在使用过程中会受到一些限制。采用自填式问卷，被调查者需要具备一定的文化水平，能够看懂问卷，并会填写问卷。所以一般情况下，在城市比在农村更适用自填式问卷。

然而有时候，一项研究的调查对象可能非常复杂：有男性，也有女性；有文化水平高的，也有低的；有城市白领，也有农村妇女；等等。因此，可根据实际需求同时采取这两种方式。自填式问卷与访问式问卷的适用范围具体见表1-1。

表1-1　自填式问卷与访问式问卷的适用范围比较

问卷类别	适用范围
自填式问卷	适用于被调查者具备一定的文化水平，能理解并自行填写问卷，以及人力、物力、时间相对不足的情况
访问式问卷	适用于被调查者文化层次不高，以及有充分的人力、物力和充裕的时间的情况

（二）纸质问卷与网络问卷的比较

纸质问卷作为传统的方式被人们熟知，在多数场合下都适合使用。如今，随着信息技术的发展和网络使用的普遍化，网络问卷的使用越来越广泛。网络问卷的使用通常需要具备一些基本条件。第一，被调查者需要会使用网络，这就意味着相比一般的自填式问卷，网络问卷对被调查者的文化要求更高；第二，调查团队需要具备一定的网络技术。由于网络问卷不受时空限制、传播面广，网络问卷通常更适用于研究样本量大、被调查者文化程度较高的情况。纸质问卷与网络问卷的适用范围具体见表1-2。

表1-2　纸质问卷与网络问卷的适用范围比较

问卷类别	适用范围
纸质问卷	适用于多数场合，尤其是不具备网络问卷使用条件时
网络问卷	适用于研究样本量大、被调查者文化程度较高且有条件使用网络答卷、调查者同时具备一定的网络技术的情况

第三节　问卷调查的优缺点

一、问卷调查的优点

（一）成本较低，效率较高

相对于访谈法、观察法等其他数据收集的方法，问卷调查能有效地节约人力、物力和财力，往往能以较少的投入获取较多的社会信息。采用问卷调查能在短时间内同时调查大量的样本，操作简单，且能收集到研究所需的大量资料。加上采用网络、邮寄等方式，更能不受空间的限制，同时可使用计算机处理数据，节省分析的费用和时间。因而，问卷调查是一种较为高效的数据收集方法。

（二）作答较为客观

通常情况下，在采用问卷调查时，被调查者不需要在问卷上署名，尤其是自填式问卷形式，作答时身边往往无其他人，能给被调查者一个宽松的环境，减轻其心理压力，更好地表达自己内心真实的想法。即便涉及一些隐私的、敏感的话题，由于是匿名形式，被调查者也能无所顾忌地真实描述。

（三）内容统一，偏差较小

在问卷调查中，每位被调查者面对的问卷都是统一的，不像其他调查方法容易受其他因素影响而产生偏差。例如，采用非结构化访谈时，由于访谈员的不同、提问方式的差异及访谈进程中的不同状况等，常常容易使得获取的资料具有偏误。而在问卷调查中，被调查者回答完全相同的问卷，题目、次序、类型等都具有高度的统一性，无论是研究者，还是调查人员都不可能把主观偏见代入调查研究之中，这样就能避免由于人为的原因所造成的偏差，更能真实地反映出不同被调查者的不同情况；同时，也有利于对被调查者在同一情况下进行比较分析，并可以对个体情况进行分析。

（四）结果便于处理

问卷调查的结果，尤其是采用结构式问卷形式的问卷，调查的表现形式和提问的序列，还有给出的答案都是固定不变的，因此比较容易量化，在收集数据后也特别适合用计算机进行定量处理和统计分析，非常简便。尤其是电子化网络问卷的使用，使数据能直接被记录，更加便于筛选与分析。

二、问卷调查的缺点

（一）问题设计相对困难

调查问卷的问题设计得好坏，将直接影响整个调查的成效。设计问题时对信度和效度的把握非常重要，一方面要能够反映调查的意图，另一方面需要考虑被调查者的思维过程。如果问卷中设计的问题是开放式的，那么被调查者的回答就容易参差不齐，并且开放式问题的答案也很难用来分析与统计。

（二）对被调查者有一定文化要求

自填式问卷，对被调查者的文化水平有一定的要求，需要其至少能够看懂问卷，能够理解问题的含义，能够弄懂填答的方式。然而，受教育程度不同的被调查者的能力并不相同，由此自填式问卷的使用范围就会受到被调查者群体的影响，也就是说，自填式问卷并不适用于文化程度较低的被调查者。

（三）答题质量无法保证

尤其是自填式问卷，答题时并没有调查人员在场，被调查者可能不是一次完成作答或者不是独立完成作答的情况都有可能存在。在填写自填式问卷时，如果被调查者对问卷中的某些问题的认识模棱两可，而又无法向调查员询问求证，就会凭自己的理解作答，此时就容易产生错误理解而作答的情况。事实上，即使有些被调查者不按实际情况填写，调查人员也很难发觉，问卷调查法不像观察法等方式可以获得更为客观的信息。另外，被调查者填写时的态度也会影响问卷的成效，因为调者人员很少进行答案正误或者遗漏与否的检查，这降低了收回的问卷的有效性。因此，问卷调查资料的质量往往难以保证。

（四）调查结果不够深入

在设计调查问卷的篇幅时需要考虑被调查者的感受，防止被调查者出现厌烦的情绪，因此一般的问卷都不会过于冗长，相对简单，这同时可能造成对某一问题及其原因无法深入调查。另外，大部分调查问卷都是由问卷设计者预先设计好了回答范围，没有伸缩余地，使得被调查者在作答时比较受限，可能会遗漏一些更细致、深层的信息。对于一些复杂的问题，并不能够从简单的答案中获取需要的丰富信息。

（五）回收率难以保证

在访问式调查中，由于有调查员在场进行面对面的交谈，大多数访问都能顺利完成，故访问调查往往可以保证较高的回答率。但是在自填式问卷调查中，问卷的回收率往往难以保证。这是因为，一份问卷能否完成、能否收回，主要取决于被调查者而不是调查员。不论是其自身的兴趣、态度等因素，还是时间、精力等方面的限制，都会影响其答题效果。

　　综上，问卷调查这种方式优缺点兼具。一方面，问卷调查具备成本低、效率高、作答较为客观、内容统一、偏差较小和结果便于处理等优点。另一方面，对问题的设计要求相对较高，对被调查者也有一定的文化要求，且在某些情况下答题质量无法得到保证；同时，调查结果由于受到限制而可能不够深入，回收率也难以保证。因此，在采用问卷调查法时，需要结合实际的调查背景和项目需求，同时尽量采取相关措施以消除其弊端。

第二章

问卷调查前要想清楚的几个问题

　　研究者开始实施问卷调查之前，需要做大量的准备工作，这些准备工作中最关键的当属思考问卷调查涉及的一些核心问题。本章主要针对如何明确研究问题，如何建立变量和研究假设，如何厘清核心概念，如何选择指标与量表等问题进行具体描述与分析。

第一节　如何明确研究问题

一、研究主题和研究问题

研究问题是研究者希望通过研究进行解答的具体问题，其是问卷调查的前提和基础。在进行问卷设计和调查之前，研究者必须对研究问题有非常清晰的认识。

与研究问题相联系的一个概念是"研究主题"。研究主题指的是"研究所涉及的某一类现象领域或问题领域"[①]，简单地说，也就是一些可以进行研究的领域，比如教育、农业、家庭和婚姻等等。"主题"往往是一个范围，而"问题"则更加细致、具体和集中。研究问题是可以用提问的形式进行表达的，如"教育水平会对收入水平产生什么影响？""哪些因素会影响人的受教育程度？"等。一般情况下，一个主题可以包括多个研究问题。在开展研究时，我们经常从一个宽泛的主题入手，然后从中寻找到希望进行研究的具体问题。

在日常的研究中，我们发现一些研究者可能会将研究主题和研究问题搞混，当回答"你的研究问题是什么？"时，经常可以听到类似于"我想研究一下我国大学生的就业情况"，或者"我想研究一下跳广场舞的现象"这样的回答，这就是将研究主题当成了研究问题。因此在我们确

[①] 风笑天：《社会学研究方法》，中国人民大学出版社2009年版，第45页。

定研究主题的时候，要习惯于将想要研究的内容以问题的形式表达出来，这样就可以很好地避免上述情况。如某位学者对职教毕业生的就业情况很感兴趣，决定将职教学生就业情况作为研究的主题，如果用问题表示出来，则可以包括"今年职教毕业生的就业情况如何？""有哪些因素会影响职教毕业生第一份工作的薪资水平？""职教毕业生的就业情况与本科院校相比有哪些不同？"等内容。

要学会从研究主题中找到最关键的研究问题。比如涉及"三农问题"的内容有很多，如果觉得其中的土地问题是最关键的，就已经往前走了一步。再接下来，假设又认为"在工业化和城市化的进程中，农村劳动力流向城市后，怎样使他们失去土地而获得社会保障"是重要的研究课题，这就是让研究问题进一步聚焦了。从"三农问题"出发，缩小到土地问题，再缩小到"如何用土地换保障"的时候，就从研究主题过渡到了研究问题。

二、研究问题的来源

寻找到一个问题可能是一件很容易的事，人只要有足够的好奇心，就总能在对现实的观察中，与朋友的交谈中，或是文献阅读中找到很多新的问题。但是要找到一个好的研究问题却不是一件容易的事，因为这涉及这个研究问题的意义和价值、研究者的能力和专长，以及该问题是否可以进行科学研究等。

总体上看，我们可以通过以下 3 个途径来寻找研究问题。

第一，个人经历和现实观察。很多研究问题都来自日常生活，一方面，社会总是在发生着各种各样的变化，很多新出现的现象和问题为研究者提供了现成的研究问题。如 2020 年的新冠肺炎疫情，为学者们提供了大量的研究问题，因此在短时间内涌现出了很多优秀的研究成果。另一方面，随着研究者个人能力和学术素养的提升，在观察到早已存在的社会现象时，也能发现新的研究角度和解释的方向，从而提炼出新的研究问题。例如，一个学习了公共经济学中"公地悲剧"知识点的学生，在看到很多人占用公共用地跳广场舞的现象，就会提出"这是否也是一种公地悲剧？"的疑问，在此基础上就有可能提炼出一个新的研究问题。

第二，文献阅读。研究问题也可以来自文献阅读，在阅读文献的过程中经常可以闪现出很多"困惑"和"灵感"，困惑可能是对该文献作者某些观点或发现的不认同，也可能是来自不同文献作者之间互相矛盾的结论，因此希望通过自己的研究重新进行验证。假设某些研究者认为"世界上大多数猪是全白的"，而另一些研究者则认为"世界上大多数猪是花的"，那么在阅读完这些文献后，就很容易产生"世界上大多数猪到底是什么颜色？"这样的问题，以及"原有的研究为何会存在矛盾和争议？"这样的困惑，这些都可以是研究问题的来源。

第三，以往研究的延续。对于很多研究者来说，研究是具有延续性的，在进行完前一个研究之后，往往会带出下一个研究问题，后面的问题可以是之前研究的深入和延续，也可以是前一个研究中未能解决的问题。

三、选题的几个注意事项

选题时要注意以下 3 方面内容。

第一，选题应该具有意义和价值。在做一项研究时，需要论证选题是具有研究的价值和意义的。其一，要确定问题是真问题，是真实存在的，具有思考和研究的价值，而不是为了研究而研究。其二，学术研究还应具有理论的价值，选题应具有创新性，能解决前人未发现、未提出或未解决的困惑。其三，研究对于现实的发展来说应该具有价值，有利于社会的发展。

第二，选题要符合研究者的兴趣和特长。如果研究者对一个问题不感兴趣，就很难做出出色的研究；如果研究者并不擅长研究某一问题，也很难做出有深度、有价值的研究。

第三，研究应该符合社会的伦理道德和基本的价值要求。科学研究是为了造福人类而进行的，如果以损害人类利益为目的，或是违背社会伦理道德和价值规范的研究都不应该进行。

第二节 如何建立研究假设和选择变量

在明确研究问题后，需要学会建立研究假设，学会选择变量。

一、研究假设的建立

研究假设（Research Hypothesis）是研究者根据经验事实和科学理论对所研究的问题的规律或原因做出的一种推测性论断和假定性解释，是在进行研究之前预先设想的、暂定的理论。在问卷调查中，研究假设是非常容易被忽视的步骤。当明确了研究主题后，往往需要研究的问题会很多，然而并非每个问题都有科学价值，都有进行问卷调查的必要，如果受到主客观条件的制约，也并非都可以作为研究的对象。所以研究假设是在明确研究问题之后，可能得到的一些答案，大致框定研究开展的方向。研究假设必须先于变量选择。

问卷调查是一种有目的的数据获取，需要解决某些问题。所以没有研究假设的问卷其实是没有目的的问卷调查。在确认研究问题之后，研究者需要建立多种研究假设去圈定调查结果，使得研究假设能被证明或者被证伪。被证明和被证伪都应该作为有效结果输出。

二、研究变量的建立

研究变量（Research Variance）是研究者所需要的研究与测量的随条件变化而变化的因素。变量这个词对于各学科的理论和实证研究都非常重要。对于实证研究，数据里的变量构成了实证研究的基础。因为没有变量，数据就没有变化，没有变化就没有办法看清两个事物之间的关系。

问卷中，研究者针对问题会以研究假设为方向寻求变量，再基于变量设计问卷问题。所以变量挖掘是问题设计的根基，在设计问卷调查的问题前，需要确立问卷的自变量、因变量甚至无关变量。换句话说，一个变量有变化，另一个变量跟着变化；如果一起变动，往哪个方向变化，这在统计上就是变量所包含的信息。这在理论上也非常重要，要想了解事物与事物之间的联系，就要去比较两个观察对象，发现它们之间的差别，然后再去思考这两个差别之间是否有关系。

实例2-1：假设目前大学生的考试不及格率出现逐年上升的趋势，导致这种现象的原因可能是多样的，比如可以从教材、授课、学生、教育体制、学习环境这些维度去设计相应的变量，并建立假设。然后用问卷调查的方式做数据收集，并利用收集的数据创建数据模型，最终得出结论是或由于学生的进取心，或由于大环境的影响，或是这些环节共同导致的。这种发现问题—寻找变量—创建模型—实践求证的过程就是实证研究的核心逻辑。

使用问卷调查，经常需要使用定量分析法去分析数据，因此在设计变量之前需要先确立自变量。当然自变量和因变量的选择是一个动态的过程。例如调研毕业生毕业后的薪酬水平，研究者可能把毕业院校、就业城市等作为自变量，把薪酬作为主要的因变量。但是在反馈数据中，如果就业城市对结果影响呈现清晰的差异化，那么可以把其他变量拆解成多个自变量去专注分析就业城市对毕业生薪酬的影响，比如"本科院校毕业生在不同城市的薪酬对比"等。

设计变量时需要边界清晰，可以细化但是不能糊化。一个变量呈现一个事实数据，方便后期做数据分析的时候做定变量之间的转换，呈现问卷调查结果的多元化。反例比如：在某个省份做毕业生薪酬调查，问卷中同时设定问题变量有毕业院校和毕业专业。由于各学校间专业能力的高低不一，在最终结果上，很难通过这两个数据来衡量其对薪酬影响的相关性，两个变量间相互影响导致变量边界模糊，数据有用性较低。在这种情况下，一般建议用"专科院校毕业生"和"本科院校毕业生"这种分类方式，边界更清晰，模糊边缘会更少。

理论上问卷调查应该只有一个因变量，这个因变量往往会体现在问卷的标题上。自变量与因变量之间可以通过一系列逻辑连续的问题实现连接，并最终实现模型化，得出研究结论。当然在问卷设计的逻辑链中，往往能通过数据分析得到多个因变量，这些也是额外的价值数据。变量设计应从研究假设角度出发，尽可能地罗列可能的变量，避免割裂质与量，防止孤立、片面、静止地选择变量。

列举变量，一般常用的方式是枚举法（穷举法），顾名思义就是要穷尽所有的答案，也就是将问题的所有可能的答案一一列举，反复确认是否有遗漏答案。

实例 2-2：你认为小学生每天应该读多久的课外书？

1. 少于 1 小时

2. 1—2 小时

3. 2 个小时以上

针对这样的问题最好再设计一个"4. 视情况而定"。因为每个小学生每天的阅读情况是不一定的，要视所处的年级、其他学习时间安排而定，因此原有的选项并没有包括"视情况而定"这种选择。同样的道理，在研究影响学生消费情况的问题上，应尽可能多地列举可能的消费情况，以及影响这些消费情况的各种因素。

最后，在变量设计中，选择线性结构变量优于非线性结构变量。线性结构虽然简单，但是能直达问题。非线性结构看似"高级"，但是输出的结果模糊，不如线性结构的变量直接有效。

第三节 如何进行概念的操作化

一、概念的形成

概念是在日常生活中通过感性认识和互相交流形成的。概念本身并不是客观实体，而是人们思维的产物。它是抽象的，无法直接观察的。概念在形成之初，通常缺乏确切的定义，人们只是对某些事实达成了基本共识，只是根据自己的经验观察或经历大致了解这些概念的意思，以至于对同一概念的理解常常是因人而异和含混不清的。

在社会调查研究的准备阶段，需要做的重要工作之一就是对提出的概念进行具体化（概念化）和操作化，确定测量它们的方式、方法。这项工作主要是在探索性研究的基础上完成的。社会生活中使用的概念与自然科学的概念不同。由于它们都是人们通过对感性认识的抽象和概括而得到的，开始往往是模糊的或含义不清的，并且概念一般都具有综合性，由一些低层次的亚概念、子概念组合而成。一个概念越抽象，它所包含的信息越多，也就越难把握。如果不对它们的确切定义具体化，就无法对社会现象和事物进行观察和度量。所以，社会调查研究必须解决的重要问题之一，就是明确所提出的概念的定义，分清概念（包括命题和假设）的层次，并将抽象概念一步步化解为具体的和可操作的指标，最理想的目标是将概念化解为可测量的指标，以实现社会调查研究的定量化。这一过程就叫概念的具体化和操作化。目前，人们大多按照美国著名社会学家拉扎斯菲尔德的主张，将这一过程分为 4 个阶段：概念的形成，概念的界定，选择测量指标和编制综合指标。

二、概念的界定

概念初步形成后，必须通过反复斟酌，对其内涵和外延加以界定，才能成为社会中通用的概念。界定概念的方式有两种，即抽象定义和操作定义。

抽象定义即对一个概念的内涵，也就是性质和特征所做的概括说明。在社会调查研究中，抽象定义的作用是明确在何种范围和何种含义上使用某一概念。

抽象定义有直接定义法和间接定义法之分。直接定义法就是通过直接描述事物的本质而对概念下定义。凡是可以直接观察到事物的相对应的概念，都可以用直接定义法。间接定义法则是针对那些抽象程度较高、所含变量较多、无法直接观察的概念。对于这些概念，可以找出它们所含变量的共同特征，通过这些特征间接地给出定义。在界定概念时，最好能直接采用一个现成的、公认的确切定义。有时人们对同一概念会从不同的角度分别给出定义，这就需要根据具体社会调查研究的要求，从中选择最适合的定义。

操作定义就是通过一些具体的、可测量的指标对概念进行说明。其做法是把抽象定义所界定的概念一步步从抽象层次下降到经验层次，再分解为一些具体的、可测量的指标，这些指标一般都是与概念中的变量相对应的。这一过程也就是概念的操作化过程。

三、概念化与操作化

概念化和操作化是测量的两个关键环节。前者对概念进行名义定义，从理论层次对概念的含义加以说明；后者对概念进行操作定义，从经验层次形成测量概念的工具性指标。

（一）概念化

概念化是社会测量的第一个环节，是对概念的含义和应用范围给予清晰说明的过程，即在理论层次上对概念进行名义定义。之所以要进行概念化，主要是出于两个原因：第一，概念是人们主观上对同一类事物或现象的抽象概括。在日常生活中，用来指称事物的概念的含义经常是模糊不清的。例如，说"某人有文化"，其中"文化"的含义就不够清晰，既可以理解为这个人是识字的，也可以认为他受过良好的教育。第二，有些测量对象纯粹是一种理论建构，如智商、偏见、失范和异化等。但在现实中，又观察不到明确的对应物，也就是说，它们的存在本身就是一种概念定义。

在社会测量中，概念的抽象程度是不同的，有些概念比较具体，如性别、年龄、婚姻等。反过来，有些概念则比较抽象和隐晦，如社会阶层、偏见、同情心、士气等。对于比较抽象复杂的概念，必须先弄清楚概念的各个层面的具体含义，然后再按顺序对概念进行定义。另外还要注意，越是抽象的概念，越容易对概念的定义产生歧义。

（二）操作化

1. 操作化的意义

把概念抽象的定义进一步具体化，使其转化成能从经验上进行观察和测量的变量和指标，这个过程通常被称为操作化。通过操作化定义，概念转换为变量形式，即转变成了能有不同取值的概念。可以直接观察的变量又称为指标。从概念到指标，是一个从抽象到具体的过程，因此，每一个概念都可能会有不止一个指标与之相对应。例如，对于"文化程度"这样一个简单的概念来说，就可以用"受教育的年数"和"取得毕业证书的等级"两种指标来表示。在这种情况下，就需要一个择优规则来决定哪些指标更能代表概念。又如"同情心"这个相对复杂的概念，在操作化的过程中，可以通过"为灾区捐款捐物""主动扶老人过马路"等指标来进行测量。通过操作化，就可以将抽象的概念变成可以进行测量的内容。

变量和指标并没有实质性的区别，都是从经验层次上对概念含义的说明，只是综合层次略有差别而已。研究者在研究设计时，更多地使用变量这种说法；而在测量领域中，则更多地使用指标这一说法。

2. 测量

在量化测量中，测量指标的精确度是用测量层次来衡量的。按精确度由低到高的标准，测量分为定类测量、定序测量、定距测量和定比测量4个不同的测量层次。

定类测量是根据属性的不同对人或事件进行分类。例如，您当前处于何种婚姻状态？答案可能会是"未婚"和"已婚"。在调查问卷或表格中可以用1表示"未婚"，2表示"已婚"。

定序测量不仅对属性进行分类，而且还根据属性的不同对人或事件进行顺序排列。较为典型的例子就是年级。

实例2-3：您所在的年级是（　　）。

1. 高一　　2. 高二　　3. 高三

定距测量是以相等的固定间距来确定属性强度的实际距离。定距测量和定比测量的一个区分标志就是"非真实的0"，比如摄氏温度、标准化智力测验均属于定距测量。因为0摄氏度不等于没有温度，智力为0也不等于没有智力。定距测量的变量可以做加减，但是不能做乘除。如果A的智商为200，B的智商为100，我们只能说A的智商比B高100，但是不能说A的智商是B的两倍。

定比测量是在确定了间距数字后，通过确定有实际意义的零点，将属性强度间的比例关系用间距数字间的比例关系表示出来，如收入、年龄都符合定比测量的要求。收入为 0 表示没有收入。定比测量的变量既可做加减，也可以做乘除。各种测量的特征如表 2-1 所示。

表 2-1　几种测量尺度的比较

尺度特征	定类测量	定序测量	定距测量	定比测量
分类（＝≠）	√	√	√	√
顺序（＞＜）		√	√	√
距离（＋－）			√	√
比率（×÷）				√

在 4 种测量层次中，定比测量的层次最高，具有的尺度特征最丰富；定类测量的层次最低，具有的尺度特征也最少。进行了高层次的测量，可以推测出相应的低层次测量的结果，但是反过来却不行。如在问收入的时候，如果我们的问题和选项是"您的月收入是：1.3000 元以下；2.3000—6000 元；3.6000 元以上"，那么就知道进行的是定序测量，即将收入分成了 3 个档次，排序后让人进行选择。但是如果将题目改为一个填空题，如"您的月收入是_____"，那么就可以知道每个人的具体收入（如 5500 元），成了定比测量。高层次的测量可以获得低层次测量的结果，比如：如果我们知道了每个人的具体收入，那么将其分成 3 个档次（1.3000 元以下；2.3000—6000 元；3.6000 元以上）就非常简单了。但是从低层次的测量结果中难以得到高层次的测量结果，如果我们仅知道每个人收入的档次，那么是无法推出其具体的收入的。所以有条件的话，在问卷调查中，我们要尽量进行高层次的测量，这样才能收集到更丰富的数据内容。

第四节　如何选择指标与量表

一、如何选择指标

（一）选择测量指标

概念的操作化的关键是寻找一定的、能够明显区分的测量指标来说明概念的属性，其中每一项指标反映概念的某一方面或某一变量。寻找测量指标可以综合采用经验的办法和理性的办法。经验的办法是研究者通过对概念的大致理解，提出若干指标，再从中筛选出适宜的指标；理性的办法是通过大量查阅文献，找出概念的各种含义，根据其变量列出备选的指标，再从中筛选出适宜的指标。

对那些比较复杂和比较抽象的概念来说，由于它们具有多个层面的内容和许多变量，需要确定很多测量指标，而研究者往往很难一下子找到这么多合适的指标。因此，人们通常采取下列两种方式来寻找复杂和抽象概念的测量指标：第一种方式是寻找和利用前人已有的指标；第二种方式是调查者先进行一段时间的试调查，再采用实地观察和无结构式访谈的方式，进行资料收集的初步工作，尤其是与调查对象中的关键人物进行比较深入的交谈，从而获得一些问题的答案。

（二）编制综合指标

在社会调查研究中，对于复杂的概念（包括命题和假设），选出的测量指标往往很多。为了明确其中变量的层级和变量间的关系，人们通常需要建立一个综合指标。综合指标是指对大量个体指标及其数值进行分组、对比和加变等变换后得到的指数,如 GDP(国民生产总值)、CPI(消费者物价指数)、KPI(绩效指数)等。

编制综合指标的常用方法有拉氏指数、派氏指数和费暄的"理想公式"的指数方法。在问卷中,当研究者编制综合指标时,可以借助拉氏指数或者派氏指数的方式,也可以以调查会的形式来定性综合指标。如"一线城市居民消费水平指数"这样一个综合指标,可以借由调查问题的多重测量指标,得出综合的"消费水平指数"。测量指标可以且不限于如下:每年总支出、用于旅游的支出、用于医疗的支出、用于保障类的支出等。再借由拉氏指数公式,得出综合指标值。

二、如何编制量表

(一)拟订编制量表的计划

当研究者决定编制一份量表时,首先须拟订编制量表的计划。此份计划包括应搜集哪些相关的数据、编制的进度、样本的选取、经费预算、编制完成所需的时间等。

(二)搜集资料

不同的量表所涉及的数据当然不同,譬如选手的"成就动机量表"和教练的"领导行为量表",在文献的搜集上当然有很大的差别。编制者必须先了解量表的性质,然后才能决定所搜集资料的方向。如"成就动机量表"属于人格方面的量表,编制者就要从人格心理学的理论或既有的量表中搜集。若是"领导行为量表",因其是属于社会心理方面的量表,故编制者就要在社会心理学领域搜集。

（三）拟订量表的架构

编制者可以参考某一个学者的看法，或是综合多个学者的理论拟出所要编制量表的架构。假如此量表有若干个分量表，那么编制者应先将其的定义描述出来，以便于后期编制题目之用。

（四）编制题目

当量表的架构定下来之后，编制者即可参考所搜集来的其他量表资料来编题。通常为了将来有删题的空间，编制者大约要比预定的题数多编二分之一的题目。如一个分量表若需要 10 题，此时就需编 15 题。

（五）预　试

当题目编好后，编制者最好能进行预试，即编制者要找一些受试者先试做此份量表，以了解哪些题目是可用的。预试的样本至少应有 200 人，以便于以后的项目分析之用。

（六）项目分析

项目分析的主要目的是针对预试的题目加以分析，以作为正式选题的参考。在进行项目分析时，通常有两种方法可以使用：第一种是用 T 检验法，第二种是用相关法。在做项目分析时，这两种方法都是以单题为单位来进行分析的。以 T 检验法为例，在进行项目分析时，是以该分量表总得分的高分组（前 27% 的受试者）和低分组（后 27% 的受试者）在每一题上的得分的平均数进行差异比较的。所得的值称为决断值，必须高于量表的临界值，才具有鉴别力，有的学者建议决断值至少应达 3 以上为佳（具体操作可见第七章第三节区分度检验）。在使用相关法时，有两种情况：一种是含本题在内所得的相关，另一种是不含本题在内的相关。针对第一种情况，首先将每个被调查者分量表的总得分算出来，然后以题为单位，计算每一题与总得分的相关系数。一般而言，相关系数至少应达 0.4。针对第二种情况，根据每一题和该题所在的分量表的总得分（不含该题）求相关系数。一般而言，相关系数应达显著水平，才能表明上述题目是具有鉴别力的题目。

（七）编制正式题目

编制者可根据项目分析的结果进行选题，只要鉴别力合乎标准的题目都可以被选为正式的题目。若项目分析所得各题的决断值都合乎要求，则由高到低选出预定题数的题目。

（八）检验信度与效度

一份好的量表必须具有相当的信度和效度。所谓信度，是指可靠的程度，有信度的量表通常具有一致性、稳定性、可靠性及可预测性等。一份稳定可靠的量表，不仅几次所得的结果是基本一致的，而且可透过此量表对调查对象的总体情况做出预测。所谓效度，是指一个量表能够有效地测量到它所要测量的特质的程度，譬如一份有效的"成就动机量表"应该能确实反映出调查对象的成就动机，如高成就动机者的得分应该显著高于低成就动机者的得分。量表的信度和效度应该如何检验，在后面章节中会有详细说明。

三、如何拟定量表的架构

（一）决定量表的因素

一个量表究竟需要多少个分量表，主要视所依据的理论而定。譬如 Chelladurai & Carron 的运动情境领导理论将教练的领导行为分为 5 个向度，这 5 个向度即可成为 5 个分量表。若是属于探索性研究，并没有理论基础，则其因素的多寡就需要用探索性因素分析来决定。一般而言，若确定的因素的特征值大于 1，则此项因素即可保留。

（二）决定正式量表的题数

一份量表究竟需要多少题目，并没有一个定论，但有几个指标可供参考：可用的时间（时间越长，题目就越多）、所测特质的灵敏度（针对较不灵敏的特质通常需要较多的题目，才能区分出不同的群体）、分量表的多寡（分量表越多，所编的题数就会越多）。

（三）决定预编的题数

预编的题数通常比正式的题数多一些，对于常常编制量表的专家而言，预编的题数比正式的题数稍多几题即可。如果正式的题数定为10题，则只要预编12或13题就可供筛选。但对于初学的编制者而言，最好多编几题，以免有太多不具鉴别力的题目出现。一般而言，预编的题数至少需比正式的题数多一半。

（四）决定量表的量尺

通常量表的量尺以五点或四点的形式为多，如五点量尺为"非常同意""同意""没意见""不同意""非常不同意"，四点量尺则将"没意见"去掉。究竟是五点量尺还是四点量尺较佳，学者们各有不同的意见。有的学者认为，比较不认真作答的人会有选"没意见"的倾向，这样会造成所得的数据没有太大意义，因此以四点量尺的形式较能看出作答者的态度。而有的学者则认为，四点量尺有强迫被调查者表态的意思，事实上有的问题是作答者所不了解的，"没意见"一项还是值得保留的。这两种量尺都各有优缺点，编制问卷的人可视其需要而采用其中的一种。有的学者还将量表的量尺分成六点、七点，甚至九点，但因为人类的感觉并不是那么灵敏，将量尺分得太多，有时候并没有太大的意义。

四、常用量表

下面介绍几种常用的问卷调查量表和范式。

（一）李克特量表（Likert Scale）

李克特量表是评分加总式量表中最常被用的一种，其中属同一概念的这些项目是用加总方式来计分的，单独或个别项目是无意义的。它是由美国社会心理学家李克特于 1932 年在原有的总加量表的基础上改进而成的。该量表由一组陈述组成，每一陈述有"非常同意""同意""不一定""不同意""非常不同意"5 种回答，分别记为 5，4，3，2，1，每个被调查者的态度总分就是他对各道题的回答所得分数的加总，这一总分可说明他的态度强弱或他在这一量表上的不同状态。李克特量表的意义在于将原来的定序测量（"非常同意""同意""不一定""不同意""非常不同意"）通过选项编码（计分）的方式，转换成定距测量（5，4，3，2，1），使其结果能被用于更多的统计分析。编制的基本步骤包括：

（1）收集大量与测量的概念相关的陈述语句。

（2）由研究员根据测量的概念将每个测量的项目划分为"有利"或"不利"两类，一般情况下，测量的项目中有利的或不利的项目都应有一定的数量。

（3）选择部分调查对象进行预先测试，要求被调查者指出每个项目是有利的或不利的，并在下面的方向－强度描述语中进行选择，一般采用所谓五点量表："非常同意""同意""无所谓（不确定）""不同意""非常不同意"。

（4）对每个回答给一个分数（赋值），如从"非常同意"到"非常不同意"的有利项目的分数分别为 5 分、4 分、3 分、2 分和 1 分。

（5）根据被调查者在各个项目上的分数计算代数和，得到个人态度总分，并依据总分将被调查者划分为高分组和低分组。

（6）选出若干条在高分组和低分组之间有较大区别的项目，构成一个李克特量表。如可以计算每个项目在高分组和低分组中的平均得分，选择那些在高分组平均得分较高并且在低分组平均得分较低的项目。

实例2-4：李克特量表问题（见表2-2）

表2-2　李克特量表问题

请根据您的真实感受进行选择：

感受	非常同意	同意	没意见	不同意	非常不同意
收入越高幸福感越强					
教育程度越高幸福感越强					
住房环境越好幸福感越强					
养老保障越好幸福感越强					
人际关系越好幸福感越强					

（二）古特曼量表（Guttman Scale）

古特曼量表也叫累积量表（Cumulative Scale），其可看成一种定距量表或定序量表，要通过相当复杂的程序才能编制成功。按被调查者的态度强度来排列各种说法的次序。如果某位被调查者同意或接受某种说法，那么也会同意或接受该说法之前（之后）的说法。被调查者的答案呈阶段型或金字塔型。该量表的基本逻辑是，如果被调查者支持了某个态度更强硬的指标，那么肯定也会支持态度相对较弱的指标。如在实例2-5中，如果被调查者支持了第三个指标，那么肯定也支持前面两个指标。

实例 2-5：古特曼量表

- 不应该让儿童观看有不良情节的电视剧
- 电视台不应该播放有不良情节的电视剧
- 政府应该禁止电视台播放有不良情节的电视剧

（三）语意差别量表

语意差别量表是要求被调查者在两个极端值之间进行选择，由此可以发现被调查者的态度倾向。如先给被调查者看一段电影，然后让被调查者写出自己的感受，此时的语意差别量表设计如下。

实例 2-6：语意差别量表（见表 2-3）

表 2-3　语意差别量表

这部电影给您的感受是：

感受	1. 非常	2. 有些	3. 两者皆非	4. 有些	5. 非常	感受
快乐的						悲伤的
简单的						复杂的
积极的						消极的
传统的						现代的

（四）形容词核对量表

形容词核对量表确定了若干个描述属性的形容词，每一个属性可以用一个或几个形容词。被调查者按照对所测对象的第一印象，针对每一个形容词，根据其符合所评价对象的程度，从给出的数字中选择一个适当的数字进行描述，数字越大，符合程度越高。

实例 2-7：对于下面的每一个词，请从量表中选择一个适当的数字来形容你对现在所从事工作的感觉，并将对应的数字填写在括号内，"0"表示完全不对，"10"表示完全对（见表 2-4）。

表 2-4　形容词核对量表

	0	1	2	3	4	5	6	7	8	9	10	

（　）容易的　　　　（　）没有出路的　　　　（　）困难的

（　）有技术的　　　　（　）变化的　　　　（　）值得做的

（　）烦人的　　　　（　）重要的　　　　（　）安定的

（　）有意思的　　　　（　）苛求的　　　　（　）愉快的

（　）报酬低的　　　　（　）临时性的　　　　（　）严格的

（　）压力大的　　　　（　）安全的　　　　（　）合意的

（　）常规的　　　　（　）使人筋疲力尽的　　　　（　）冒险的

（五）斯坦普尔量表

斯坦普尔量表用于设定形容词双向分值，包括正面和负面两个方向。该量表的优点是统计更直观，也免去被调查者的选择偏差；缺点是问卷设计难度较大，设计的形容词往往带有褒贬意，容易引导被调查者的结果偏差。问卷设计者应当尽量全面设想调研变量，并尽可能选择中性形容词。

实例 2-8：对于您所在小区的物业服务，给出了一些描述。如果您同意，请选择带"+"的数字，同意的程度越高，选择的数字也越大，选择"+5"表示完全同意；如果不同意，请选择带"-"的数字，"-5"表示非常不同意。

您觉得您的小区服务是：

-5 -4 -3 -2 -1 卫生打扫很干净 +1 +2 +3 +4 +5

-5 -4 -3 -2 -1 工作人员很友善 +1 +2 +3 +4 +5

-5 -4 -3 -2 -1 保安态度恶劣　+1 +2 +3 +4 +5

（六）分项评分表

分项评分表中罗列了对综合指标有影响的测量指标，并对每项测量指标给出分值，由研究对象打分。分项评分表非常直观，其中的数据看似定量度很高。但是分项评分时容易受主观干扰。研究对象对总指标有一个定性打分后，在之后的调查打分中，容易出现"凑分数"的情况。另外，也容易出现中值偏差。被调查者会下意识地让分数往中值靠拢，使最终结果偏向于中值。

实例 2-9：分项评分表（见表 2-5）

表 2-5　分项评分表

请为您小区物业服务打分：

指标	1分	2分	3分	4分	5分	6分	7分	8分	9分	10分
卫生										
安保										
态度										
收费										
业务										
⋮										

第三章

样本的选择

　　样本选择是问卷调查开展前需要完成的重要工作，样本选择的科学性和代表性将直接影响问卷调查的结果。本章重点解答如何确定样本来源、样本数量多少最合适及如何选择抽样规则等问题。

第一节 抽样的意义和作用

当研究者决定用问卷调查的方式获得数据后，如果无法开展普查，那么就必须进行抽样调查，接下来我们对抽样进行详细说明。

一、与抽样相关的概念

总体（Population）是指研究所指向的元素的集合体。比如我们希望调查今年全省大学毕业生的就业情况，那么今年全省所有的大学毕业生就构成了研究的总体。又如我们希望研究某高校大一新生的上课积极性，那么该校所有的大一新生就是研究的总体。

样本（Sample）是指通过一定的抽样方法，从总体中抽取出来的一部分元素的集合。如果我们希望研究某高校大一新生的上课积极性，因此从大一新生中抽取了 500 名进行问卷调查，那么这 500 名大一新生就构成了研究的样本。样本是总体的子集。

抽样（Sampling）是指从总体中抽取样本的过程，如果从全校 5000 名大一新生中，按简单随机抽样方法抽取了 500 名，这个过程就被称为抽样。

抽样框（Sampling Frame）是指总体中各个元素的名单。如果希望从 5000 名大一新生中抽出 500 名，那么这 5000 名大一新生的名单就形成了这次抽样的抽样框。如果希望从全校所有班级中抽取 5 个班级进行调查，那么抽样框就是全校的班级名单。需要注意的是，很多时候我们并不能获得一个完整的抽样框。

抽样单位（Sampling Unit）是指抽样时所抽取出来的基本单位。如果我们从 5000 名大一新生中抽取了 500 名，那么单个的大学生就是抽样单位。如果是从所有的班级中抽取 5 个班级，那么班级就是抽样单位。

二、样本选择的重要性：幸存者偏差的例子

为什么样本的选择如此重要？因为样本的选择将直接决定研究的最终结果：一方面，不具有代表性的样本无法反映出总体的真实情况；另一方面，错误的样本也将导致错误的结论，甚至使整个研究都失去意义。

1941 年，在第二次世界大战中，盟军的战机在多次空战中损失严重，无数次被纳粹炮火击落，盟军总部秘密邀请了一些物理学家、数学家及统计学家组成了一个小组，专门研究"如何减少空军被击落的概率"这一问题。当时军方的高层统计了所有返回的飞机的中弹情况——发现飞机的机翼部分中弹较为密集，而机身和机尾部分中弹则较为稀疏，于是当时的盟军高层的建议是："加强对机翼部分的防护。"但这一建议被小组中的一位来自哥伦比亚大学的统计学教授——沃德（Abraham Wald）驳回了，沃德教授提出了与其完全相反的观点——加强对机身和机尾部分的防护。

那么这位统计学教授是如何得出这一看似不符合常识的结论的呢？沃德教授有此观点的基本出发点基于 3 个事实：①统计的样本只是平安返回的战机；②被多次击中机翼的飞机，似乎还是能够安全返航的；③在机身机尾的位置，很少发现弹孔的原因并非飞机真的不会中弹，而是一旦中弹，其安全返航的概率极小，即返回的飞机是幸存者，仅仅依靠

幸存者做出判断是不科学的，而那些被忽视的非幸存者才是关键。

军方采用了教授的建议，加强了对机身和机尾的防护，并且后来证实该决策是无比正确的，盟军战机的被击落率大大降低，这就是"幸存者偏差"故事的来源。

又如在 1936 年美国总统大选期间，某杂志相关人员通过对 140 万人的电话调研显示，A 参议员会赢得大选，但是最终是 B 参议员赢得了大选。这是因为当时电话属于奢侈品，属于美国当时的精英阶层专有，所以电话调研会遗漏掉很多民众，导致调研结果的巨大偏差。

研究者在面临问卷的样本选择、样本来源的选定、样本抽样渠道的选定时，要时刻注意避免出现这种偏颇。

第二节　样本的来源

作为组织者或者调查者，应该怎样选择样本？从哪里找到研究所需的样本，也就是样本的来源是什么？

一、样本的来源分类

各类学科在组织问卷调查时最常用的样本选择方式主要分为两类：普查和抽样调查。其中，抽样调查又分为随机抽样调查和非随机抽样调查两类。

普查是对同质总体中每一个样本成员进行调查的过程，主要是指专门组织的、以获取一定时点或时期内现象总量资料为目的的一次性全面调查。由于普查受客观因素影响较大，成本也较高，因此在大多数情况下学者们更多采用抽样调查的方式。

抽样调查，简称抽查，是按照一定的程序，从所研究对象的同质总体中抽选出一部分要素作为样本，对样本进行系统调查，并在一定条件下，运用数理统计的原理和方法，对总体的数量特征进行估计和推断的调查方法。

随机抽样调查主要是指基于随机性原则，从调查现象总体中抽取部分样本，以样本调查结果来推断总体情况的调查方法。随机抽样调查的特征包括基于随机性原则确定调查单位，以样本来推断总体情况，调查中的误差可以计算和控制，等等。

非随机抽样调查是指抽样时不遵循随机原则，而是按照研究人员的主观意志和经验或其他条件来设立的某个标准，从方便的角度来抽取样本的一种抽样方法。

随机抽样和非随机抽样的具体方法将在下一节中进行介绍。

二、样本的来源渠道

样本的来源渠道，就是问卷的投放渠道，即问卷以何种形式被发放到调研群体手上，并且以何种方式回收。但是无论是抽样调查还是普查，样本来源无非是这样两种渠道：线下渠道和网络渠道。

线下渠道就是以实体或者非实体形式发放问卷，其间需要面对面接触到样本群体。这种情况下问卷的发放形式可能是多种多样的：较为常见的一种是纸质问卷发放，并现场填写回收；另一种是借助电子表格的形式进行现场填写，此时需要用到平板电脑或者其他交互类设备。但是不论哪种形式，都是以线下互动的方式做问卷发放和收取的。

网络渠道就是将电子表格投放至网络渠道，比较常用的是一些媒体平台，如微信、微博、知乎、论坛等，甚至是一些专用的问卷调查平台。

线下渠道和网络渠道有各自的优势，也有各自的局限性。线下渠道获取的客户信息的真实性比较高，并且由于刻意的投放地点选择，往往针对性也比较强，样本偏差较小。但其局限性在于：投放成本高、投放困难大、样本量小、取样时间长，并且只适用于地区性取样调查。网络渠道获取客户的成本低，既可以大面积铺设样本，也可以快速获取大量数据，还可以设计更多元的题设形式。网络渠道的局限性在于：信息的真实性无法考量，研究员不知道面对的是哪类调查群体，需要在问题设计时做一些背景调查；无法覆盖到对互联网使用不普及地区的样本等。

三、样本来源渠道的使用

在样本投放中，首先需要确认投放形式是线下还是网络。那么在选定形式后，该如何落实，应该遵循一些工作方式。

（一）线下渠道

精准选址：需要分析样本分布和流动样本活动周期，选择样本最集中和流动最多的地段进行样本采集，可以尽量降低问卷采集成本。

互惠互利：以发放礼品、代金券等实物作为问卷调查的报酬。礼品选择时也需要注意是否匹配被调查者的喜好。

多点多地：以单一地点采集的数据可以视为无效样本。采集样本范围要尽可能地覆盖样本可能存在的区域，理论上样本采集点需要与样本存在的区域重叠，方可认为样本数据有效。

（二）网络渠道

投放精度：提前分析样本人群，在确认其上网习惯后谨慎选择投放平台、投放工具、投放方式。

质量控制：电子问卷或者工具需要带有全自动区分计算机和人类的图灵测试，最常用的是验证码。在问卷收集后，需要审核问卷质量，排除来自"职业问卷人"的假数据。通过互联网渠道填写的问卷百分百真实的可能性比较小，所以去伪存真是一定需要做的工作，以确保数据质量，避免伪数据影响结果产出。

扩散形式：选择裂变的方式扩散问卷。采用转发、推荐、公域流量引流等方式将问卷扩散到尽可能多的地方。在此过程中，可以适当设置一些激励措施，以加速裂变。

　　背景调查：网络渠道数据除了实验需求数据外，还有许多其他数据，因此还需要增设一些背景题项，以排除一些非目标群体数据。背景调查可以从年龄、性别、地域、收入水平等维度出发，以圈定目标人群。

　　现在使用频率较高的网络问卷发放平台有问卷星、爱调研、乐调查、调查通、91 调查网、腾讯问卷等。

四、样本量的设定

　　除非是普查方式的调研，否则任何科学调研都必须确认样本量。样本量不是越大越好，更不是越小越好。样本量越大，抽样误差就越小，但是成本越高；而样本量越小，则成本越低，但是误差越大。确定样本量的大小有以下几个参考标准：第一，基于总体中各元素差异的大小，差异越大则需要越多的样本；第二，基于数据精度的要求，精准度越高则所需样本越多；第三，研究者预推断的样本置信度。如 1 个研究课题，从总体是体量 50 万人口的小城镇中，抽取 10% 的样本量，或者从总体是千万以上人口的大城市中，抽取 10% 的样本量，两者的实验准确性哪种更高？从理论上来说，大城市的样本结构更复杂，相互间差异也更大，因此针对大城市应该设计更高比例的样本量。但是实际情况是，当样本量足够大的时候，样本间更大的差异能涵盖在正态分布的区间内，所以往往在小城镇，我们需要设计 10% 的抽样比率，但是在大城市，我们只需要设计 5% 甚至更低的抽样比率。

第三节　随机抽样方法

最基本的基于定量研究的抽样规则，即抽样方法分为两类，分别为随机抽样和非随机抽样。随机抽样是根据随机性理论在总样本量中随机性地抽取一定的样本作为研究参考，并把样本的统计结果近似地看作总样本的结果。随机抽样是最常用的调查方式，在统计学的理论基础上，可用概率加以解释，是一种科学且可行性高的抽样方法。

在进行随机抽样设计时需要注意以下几点：第一，等概率，即样本量内各样本被抽取出来的概率相同；第二，可操作，要在等概率的基础上具有可操作性；第三，覆盖度，样本覆盖面需要和总体贴合，不能遗漏某些群体。常见的随机抽样方法有简单随机抽样、系统抽样、分层抽样、整群抽样等。

一、简单随机抽样

简单随机抽样的定义是指从总体样本中随机地抽取 n 个单位作为样本，且总体中的每 1 个元素都有相等的被抽中概率。简单随机抽样可通过抽签法和随机数字表法来实现。先确定或搜集 1 个抽样框，将抽样框中的每个元素都编上号，然后把所有抽签抽中的号码的元素或随机数字对应的号码的元素作为样本进行调查。例如在某城市某街道所管辖的10 000 户居民中，抽取 200 户居民，就居民对某种商品的需求量进行调查，此时可以做 10 000 张纸片，写上 1—10 000 号，从中随机（或按随机数）抽取 200 张，被抽中的居民即为样本。

简单随机抽样的特点包括：简单、直观，对参数进行估计比较方便等。当然，简单随机抽样也有一些局限性，即：当总体量很大时，不易构造抽样框；抽出的单位很分散。因此，在没有利用其他辅助信息的情况下，不适合用简单随机抽样方法。

当然现在借助互联网，在一些总体非常大的情况下，我们也能实现简单随机抽样。例如，某商家利用后台数据调查会员满意度，可通过算法随机抓取部分会员信息，定向发送短信、邮件或者打电话。

二、系统抽样

系统抽样是指先将总体中的抽样单元按某种次序排列，在规定范围内随机抽取一个初始单元，然后按事先规定的规则抽取其他样本单元。如果在抽取初始单元后按相等的间距抽取其余样本单元，则称为等距抽样。等距抽样适用于容量很大且个体的排列是按照随机顺序排列的总体。在使用系统抽样时，调研人员首先选取 1 个随机的起点，然后连续地在抽样框架中每隔 i 个个体再选出其他样本。其选取样本的间隔 i 被称作抽样间距。它是由总体大小 N 除以样本量的结果四舍五入后得出的。如假设总体中共有 100 000 个个体，样本量大小为 1000。在这一情况下，抽样间距为 100，即从 1 至 100 之间随机选择一个数字。如果选取的第一个数字是 23，那么样本就包括个体 23、123、223、323、423、523 等。

在使用系统抽样方法时，调研人员通常会按照某一方式把总体中的个体进行排列。如果电话簿被用作抽样框架，其中的个体就会被按照首字母顺序进行排列。在一些情况下，这一顺序也许与调研人员感兴趣的某些特征有关。例如，调研人员可能会按照未偿还余额对信用卡使用者进行排列，或按照年销售额对某一行业内的公司进行排列。当调研人员按照与某些被调研的特征有关的方式对个体进行排列时，利用系统抽样获得的抽样结果可能与利用简单随机抽样获得的抽样结果存在很大的不同。如果对 1 份按销售额递增顺序排列的公司名单进行系统抽样，那么所得到的样本既包括大型公司也包括小型公司。相比之下，利用简单随机抽样所得到的样本就缺乏代表性。例如，在使用简单随机抽样时，调研人员所得到的样本可能只包含小型公司，或者包含较少数量的小型公司。

在使用系统抽样时，如果抽样框架被设计成循环结构，那么其样本的代表性就会降低；假如使用系统抽样，从包含 60 年以来每个月月销量的抽样框架中可以产生 1 个商场月销量的抽样，如果抽样间隔为 12，那么最终的抽样则不会反映月销量的变化情况。

系统抽样比简单随机抽样更加经济和简单，因为随机选择的过程只有 1 次。此外，系统抽样也不需要了解抽样框架的构成。例如，每第 i 个离开商场的顾客都可以被拦截。由于以上原因，系统抽样经常被应用于顾客邮件、电话和商场拦截式访谈。

实例 3-1：某学校学生的学号以高考成绩高低排列，第一名为 01，第二名为 02……该学校需要做一次全校性的针对某次考试模拟卷难易度调查，抽取班级学号尾号为 1 的学生作为样本。

由于序号并非完全按照一种连贯的规则确定，这样的取样规则最终得到的数据结果一定会呈现某种程度的偏差，研究者在做调研时需要警惕类似的偏差。

三、分层抽样

分层抽样是一种卓越的随机抽样方式，又称分类抽样或类型抽样。

分层抽样是先将总体的单位按某种特征分为若干次级总体（层），然后再从每一层内进行简单随机抽样，组成一个样本。分组减小了各抽样层变异性的影响，抽样保证了所抽取的样本具有足够的代表性，可以提高总体指标估计值的精确度。

分层抽样的具体程序是：把总体的单位分成两个或两个以上的相互独立的完全的组（如男性和女性），从两个或两个以上的组中进行简单随机抽样，样本相互独立。总体的单位按主要标志加以分组，分组的标志与研究者关心的总体特征相关。如某酒厂正在进行有关啤酒品牌知名度方面的调查，初步判别，在啤酒方面，男性了解的知识与女性不同，那么性别可以是划分层次的适当标志。如果不以这种方式进行分层抽样，分层抽样就可能得不到什么效果。

分层抽样与简单随机抽样相比更有优势，因为它有显著的潜在统计效果。也就是说，如果从相同的总体中抽取两个样本，一个是分层样本，另一个是简单随机抽样样本，那么相对来说，分层样本的误差更小。另外，如果抽样的目标是获得一个确定的抽样误差水平，那么更小的分层样本将达到这一目标。

通常，分层抽样一般有 3 个步骤。

第一，辨明突出的（重要的）人口统计特征和分类特征，这些特征与所研究的行为相关。例如，研究某种产品的消费率时，按常理认为男性和女性有不同的平均消费比率。为了把性别作为有意义的分层标志，调查者肯定能够拿出资料证明男性与女性的消费水平明显不同。用这种方式可识别出各种不同的显著特征。调查表明，一般来说，识别出 6 个重要的显著特征后，再增加显著特征对于提高样本代表性并没有多大帮助。

第二，确定在每个层次上总体的比例（如性别已被确定为一个显著的特征，那么总体中男性占多少比例，女性占多少比例呢？）。利用这个比例，可计算出样本中每组（层）应调查的人数。

第三，调查者从每层中抽取独立简单随机样本。分层抽样的特点就是先将总体按照某种特征或指标分成几个排斥的又是穷尽的子集或层，然后在每个层内按照随机的方法抽取元素。其原则是子集内元素间差异可能很小，而不同子集间差异很大。分层抽样的样本的结构与总体的结构比较相近，通过此方法，既可以对总体参数进行估计，也可以对各层的目标量进行估计等。

适用场景：适用于层间有较大的异质性，而每层内的个体具有同质性的总体。如在进行消费倾向调查时，按年龄将调查人口分为老年人、中年人、青年人3类。总调查人口为6000人，其中老年人1000人，中年人2000人，青年人3000人。如果需要采用分层抽样的方法从中抽取200人，应如何确定样本的分布呢？

四、整群抽样

以上各种抽样类型全部是按单位抽取的，即按样本单位数，一个一个地抽取。而在整群抽样中，样本是按一组单位一组单位地抽取。也就是将总体中若干个单位合并为群，抽样时直接抽取群，然后对群中的所有个体全部实施调查。整群抽样有两个关键步骤：第一，同质总体被分为相互独立的完全的较小子集；第二，随机抽选子集构成样本。

如果调查者在抽中的子集中观察全部单位，这样就有了一级整群样本。如果在抽中的子集中再以概率方式抽取部分单位进行观察，那就有了二级整群样本。分层抽样和整群抽样都要将总体分为相互独立的完全子集。它们的区别是，分层抽样的样本是从每个子集中抽取的，而整群抽样则是抽取部分子集。整群抽样只需群的抽样框，可简化工作量，同时调查的地点相对集中，缺点是估计的精度较差。

地理区域抽样是整群抽样的典型方式。挨家挨户去调查一个特定城市的调查者也许会先随机抽选一些区域，然后集中地访查这个区域中的某些群体，这样就能大量减少访问时间和经费。整群抽样被认为是随机抽样，因为它可以随机抽出群和单位。值得注意的是，在整群抽样下，需要假定群中单位与总体一样存在异质性。

整群抽样可以和其他抽样方式结合起来使用，如首先将总体划分成许多相互排斥的子总体或群，然后以群为初级抽样单元，按某种随机抽样方式，如简单随机抽样，从中抽取若干个群，对抽中的群内的所有单元都进行调查。也就是先把总体中的个体划分成称作群的单个组，总体中的每一个个体属于且仅属于某一个群，再以群为单位抽取一个简单随机样本。当群中的个体不同质时，整群抽样得到的结果最佳。在理想状态下，每一个群是整个总体小范围内的代表。整群抽样的值依赖于每一个群对整个总体的代表性。如果所有的群在这个意义上是同质的，则抽取小量的群就可以得到较准确的关于总体参数的估计。

整群抽样适用于群间差异小、群内各个个体差异大，可以依据某种特征差异来划分的群体。

实例3-2：某市统计部门现需调查某城市居民户的经济情况，要抽取2000个样本。假定该市共有1000个居委会，每一个居委会平均涉及100户居民。这样，就可以居委会为单位，采用纯随机抽样方式抽出20个居委会，共2000户，然后把这20个居委会涉及的2000户居民视为样本进行调查。

整群抽样和前文讨论的分层抽样有一些区别：分层抽样分成的各类彼此之间差异明显，但每类内部差异不大，整群抽样的群间彼此差异不大，但每群之内差异明显；分层抽样中的每类都是按一定比例抽取的样本，而整群抽样是从总群中抽出若干群。

第四节　非随机抽样方法

　　非随机抽样，又称为判断抽样，就是调查员根据自己的主观判断抽取样本的方法。非随机抽样不是严格按随机抽样原则来抽取样本的，因此失去了大数定律的存在基础，也就无法确定抽样误差，无法正确说明样本的统计值在多大程度上适合于总体。虽然根据样本调查的结果也可在一定程度上说明总体的性质、特征，但不能从样本推论至总体。

　　非随机抽样相对于随机抽样而言，抽取样本时不是依据随机原则，而是根据研究目的对数据的要求，采取某种方式从总体中抽出部分单位对其实施调查，通常不能根据非随机抽样来计算抽样误差，因为它是靠调研员个人的判断来进行的抽样。非随机抽样方法简单易行、成本低、省时间，在统计上也比随机抽样简单；采用非随机抽样能够便捷地收集被调查者的各种信息，有助于科研人员形成想法、拓展思路、得出结论。因此，该方法多用于探索性研究和预备性研究，以及总体边界不清难于实施随机抽样的研究。在实际应用中，非随机抽样往往与随机抽样结合使用。非随机抽样的缺点包括：不能估计抽样误差；难以评价样本所具有的代表性程度；根据其结果不能推算出总体，通常存在较大的偏倚。非随机抽样包括偶遇抽样、判断抽样、配额抽样、雪球抽样等方法。

一、偶遇抽样

偶遇抽样，即方便抽样，是指在调查过程中由调查员依据方便的原则，自行确定抽样单位的方式。常见的偶遇抽样有邮寄式调查，杂志内问卷调查，调查员在街头、公园、商店等公共场所进行拦截式访问，以及许多厂家在出售产品的柜台前对路过的顾客进行的调查，等等。偶遇抽样是所有抽样技术中调查成本（包括经费和时间）最低的，最容易实施。偶遇抽样的抽样单元是可以接近的、容易测量的，并且是合作的。这种形式的抽样尽管有许多优点，但还是有严重的局限性，主要是因为样本单位的确定带有非常强的随意性，导致存在许多可能的选择偏差，如被调查者的自我选择、抽样的主观性偏差等，所以这种抽样无法代表有明确定义的推断总体，其调查结果不宜推断总体。因此，当调查员在进行街头访问或邮寄调查时，一定要谨慎对待调查结果。

二、判断抽样

判断抽样是指研究者根据经验、判断和对研究对象的了解，有目的地抽选"有代表性的""典型的"单位作为样本进行抽样。例如以全体企业作为样本，来考察全体企业的经营状况。如果判断准确，那么这种方法可以取得具有较好代表性的样本，但这种方法受主观因素影响较大；如果研究者的判断不够准确，那么结果往往也不理想。判断抽样有重点抽样、典型抽样、代表抽样等方式。

判断抽样存在的问题是：第一，抽样过程是主观的，样本选择的好坏取决于调研者的判断、经验、专业程度和创造性；第二，样本是人为确定的，没有依据随机的原则，调查结果不能用于推断总体。

三、配额抽样

配额抽样是根据总体的结构特征来给调查员分派定额，以取得一个与总体结构特征大体相似的样本，例如根据人口的性别、年龄构成来给调查员规定不同性别、年龄的调查人数。配额保证了在这些特征上样本的组成与总体的组成是一致的。一旦配额分配好了，选择样本元素的自由度就很大了。唯一的要求是所选取的元素要适合所控制的特性。这种抽样方法的目的是使样本具有更好的代表性，但仍不一定能保证样本就一定是最具代表性的。另外，用这种方法进行选择，在严格控制调查员和调查过程的条件下，可使配额抽样获得与某些随机抽样非常接近的结果。在进行配额抽样时，要特别注意配额与调查结果之间的密切联系。配额抽样的操作十分简单，可以保证总体中不同类别的单位都能包括在所抽的样本之中，使得样本的结构和总体的结构类似。如某大学在抽查学生视力状态时，从大一、大二、大三、大四的学生中分别抽取 1 000 人作为样本。

四、雪球抽样

雪球抽样是先选择一组调查对象，经常是随机地选取，调查员在访问了这些调查对象之后，再请他们提供另外一些符合所研究总体目标的被调查者，随后根据所提供的线索，再选择此后的被调查者。这一过程会继续下去，从而形成一种滚雪球的效果。雪球抽样的主要目的是找到在日常生活中较为少见或隐蔽的样本，如患有某种罕见疾病的人、吸毒的人等。由于后来被推荐的人可能类似于推荐他们的那些人，这种方式的调查也是非概率的。雪球抽样特别适合于研究特殊的稀少群体和特定群体，其优点是很容易找到那些属于特定群体的调查对象，调查的成本也相对比较低，其缺点是样本未必能代表总体。

综上所述，随机抽样与非随机抽样的区别在于：随机抽样主要是依据随机原则抽取样本，样本统计量符合理论分布，可根据调查的结果推断总体；非随机抽样不是依据随机原则抽取样本，样本统计量的分布是不确定的，无法使用样本的结果推断总体。抽样方法的选择不能一概而论，可以是各种抽样方法的组合。首先要考虑样本对总体的代表性，还要根据客观情况考虑方便性、可行性和经济性。具体判断什么时候用随机抽样方式，什么时候用非随机抽样，应当根据各种现实的具体情况而定，例如，综合考虑研究的性质、对误差容忍的程度、抽样误差与非抽样误差的相对大小、总体中的变差，以及统计上的操作等。尽管通过非随机抽样不能推断总体，不能计算抽样误差，但在实际调查中仍常被应用。一方面是基于操作，减少非抽样误差的发生；另一方面是因为抽样调查的内容不需投射总体，而且一般总体的同质性较强。如在概念测试、包装测试、名称测试及广告测试等研究中，主要的兴趣集中在基于样本得到各种不同结果的比例。随机抽样用于准确估计总体的情况，例如估计市场占有率、整个市场的销售量、某个地区的电视收视率等。还有全国性的市场跟踪研究（提供有关产品分类和品牌使用率等信息的研究），以及对用户的心理特征和人口分布的研究等，都采取随机抽样，但在随机抽样时要特别注意控制调查过程中的非抽样误差。

第四章

问卷设计

在对样本的选择有了清晰的计划后，需要对调查所使用的问卷进行整体设计，包括调查问卷的基本结构、调查问卷的题型及选项设计等。本章将带领大家一起探究问卷设计中的一些关键问题，并且针对问卷调查中最容易犯的错误进行阐述，同时详细介绍规避错误的方法。

第一节　调查问卷的结构

　　一个完整的调查问卷结构通常由标题、导语（说明、答题指南）、统计编码、问题、设定答案和落款6个部分构成。调查问卷的版式分为竖排与横排两种，竖排的幅面通常为 A4，B5 或 16K，横排的幅面通常为 A3 或 8K。竖排版通常不分栏，横排版通常有分栏，分栏的多少根据问题及答案字数的多少而定。

　　调查问卷的版面应该清晰、整齐、美观。版面内容的行与行之间的距离至少是 1 倍行距，以 1.25 至 1.5 倍行距为佳，问题后面要多留一些空白供被调查者填写答案，不要为了节省版面把内容排得过于紧凑。内容排得太紧，行距过小，会影响被调查者的阅读，容易看错或漏看。字体大小要适当，一般为小 4 号或 5 号字。如果被调查者中包括老年人，则字体不应小于 3 号。

一、标　题

　　标题是调查内容的概括表述，拟订标题时要力求简练、精确、醒目，不能烦琐绕口，让被调查者不知所云，也不能过于简单，随便使用缩略语，避免让被调查者引起误解，更不能题不对文，使标题与调查内容不相称。较好的标题如"××大学大学生消费情况调查问卷""××省城市居民收入情况调查问卷"等。

二、导语（说明、答题指南）

导语也称说明、答题指南，是调查者就调查本身向被调查者所做的说明，目的是让被调查者了解调查的目的、要求、答题方法、反馈方式等。本文后面"范例"的导语就是一个较为典型的问卷导语。答题方法可以写在导语中，也可以写在问题的后面。对于可能让被调查者感到有几种答案都可选择的问题，一定要说明是否允许选择多个答案，如："请选择一项最合适的答案"或"可以选多项"。

如果调查问卷是通过邮局或电子邮件发放或回收的，导语中还应该像本文后面"范例"中一样注明反馈方式，如时间、地址（邮箱）、收件人姓名、联系电话等，以方便被调查者向调查者反馈问卷。导语的最后还应有相关的致谢内容。这既是对被调查者的尊重，也是缩短调查者与被调查者之间的距离，获得被调查者的好感，让被调查者接受调查的需要。

三、统计编码

为了方便对调查结果的统计，特别是运用计算机进行统计，在调查问卷中要给所有问题和答案确定一个代码。这个代码通常就是问题和答案的顺序代码。代码可以是数字或字母，也可以是数字和字母的组合。

必须注意的是：同一层次的问题或答案的代码应当一致，否则统计时就会出现混乱；同一类型答案中不同选择的顺序应当一致，否则容易造成调查者在评价标准上的混乱，如本文后面"范例"中的 1，2……或①，②……

四、问　题

问题是调查问卷的核心与主体，在设计调查问题时至少要把握以下几个要点。

第一，问题要简短。问句内容要浅显，让被调查者一看就明白；同时问句要短不要长，让被调查者能一眼看完。

第二，问题要清楚。由于调查者往往都有一定的专业背景，在设计问题时常会忽略被调查者是否具有同样的专业背景。因此在设计问题时必须要使所提的问题十分清楚，尽量通俗易懂，让被调查者明白调查者问的是什么。

第三，问题要可答。有些问题虽然是有答案的，但不一定有精确的答案，要避免出现此类问题。如"您在一生中受到过的严重伤害有几次？"这个问题首先是不清楚，对于什么才是"严重伤害"不同的人理解是不一样的；其次，就是不可答，因为很多人并不能清楚地记得自己一生中遭受的所有伤害，对很久之前发生的事情的记忆也往往是不准确的。

第四，问题要尽量用肯定句。问句不要用否定句式，因为在以肯定句式为主的问卷中，使用否定句式时，一些被调查者会受思维惯性的影响，漏掉了否定句中的"不"字，错把否定句式看成了肯定句式，结果就成了"反打反"，如"您是否不觉得抽烟是不利于健康的行为？"这样的问题让人理解起来较为费劲。

第五，顺序要合理。提问顺序安排得合理，有助于被调查者回答问题。通常情况下把简单的、一般性的、容易回答的问题放在前面，如年龄、性别、学历、职称等；将专业性的、敏感的问题放在后面。这样的安排使被调查者能够很容易地填写完开头几个问题，从而愿意继续回答整个问卷。如果将不易回答或让人难堪、尴尬的问题放在前面，就会让被调查者望而却步，选择放弃回答。需要特别注意的是，对于涉及人口学变量的题目，到底是应该放在问卷的最前面，还是放在最后。仍然是有一些争议的。因为一方面，涉及人口学变量的问题易于回答；另一方面，部分人口学变量又往往涉及隐私，是较敏感的问题。

第六，后续性问题。问卷中的部分问题只适用于一部分人或一部分情况，而这一部分人或一部分情况又涉及一些其他问题，这些问题就是后续性问题。被调查者是否回答这些后续性问题，是由其对第一个问题（前驱问题）的回答来决定的。后续性问题的格式有两种：一是用线框将后续性问题与其他问题隔开，并用箭头将后续性问题与前驱问题中的适当答案相连接，只有对前驱问题做出相应回答的人才需要回答后续性问题，其他人则可以跳过这些问题；二是当后续性问题过长时，可以在问卷上注明哪些人可以跳过哪些问题不作答。

五、设定答案

答案的设计要注意以下几点：

第一，答案格式。一般的封闭式调查问卷都是事先设定好一组答案，要求被调查者从中选择一个答案。这时就要用"（）"来限定答案的位置与空间，也可以要求被调查者用笔圈出他所选定的答案，如本文后面"范例"中的"□"。

第二，答案要穷尽。在设定答案时，答案必须包括所有可能的回答。为了做到这一点，可在答案的多种选择的后面加上"其他"一项，在涉及时间、年龄、数量等答案的多种选择的两端要用＜号（小于、少于）或＞号（大于、多于），如本文后面"范例"中的第4、第5题。

第三，答案不能相互包容（交叉）。在设定答案时，答案之间必须是相互不包容的。

六、落　款

落款包括调查问卷的制发机构名称、制发时间、调查者姓名、问卷填写时间等内容。调查范围较小，调查时间跨度不大，调查者单一的调查项目可以省略相关的项目。

如果在导语中已经包含了与之有关的内容，"落款"一项则可以省略。

七、范　例

以下为笔者早期设计的一套问卷，采用网络问卷调查的形式进行发放。

问卷编号：＿＿＿＿＿＿　　　　　　　地区编号：＿＿＿＿＿＿

大学生消费情况调查问卷

亲爱的同学：

您好！

非常感谢您在百忙之中填写这份问卷，我们是×××学校社团联合会权益部调查团队。我们调查的目的是想了解目前大学生在金钱观、消费观、消费与闲暇方式等方面的现状，进而为相关课题研究做数据支撑。本问卷一共有17道题，各项答案无所谓好坏对错，且问卷所得结果不做个别呈现，对外绝对保密，所以请您依据自己的看法，放心填写。谢谢您的合作！

1. 您的性别：

· 男

· 女

2. 您现在所就读的年级：

· 大一

· 大二

· 大三

· 大四

3. 您的家庭住址：

· 农村

· 城镇

· 城市

4. 您每个月的生活费用是多少？

· 500 元以下

· 500—800 元

· 801—1000 元

· 1000 元以上

5. 您的生活费最主要来源于：

· 父母给予

· 勤工俭学

· 奖助学金

· 校外兼职

· 其他

6.除了基本的伙食、生活必需品消费以外，哪些方面的消费占您总生活费的比例较高?

· 交通、通信（电话、上网）

· 购物（服装、饰品）

· 学习（订阅课外书报、购买学习辅助书籍等）

· 交际和娱乐

· 零食及饮料

· 其他

7.您对自己生活费的使用方法是:

· 有钱就花，没有计划

· 按照一定时期的计划花钱

· 没有计划，但对每一次的收入与支出都有详细的记录

· 有计划，但没有做好记录

· 有计划，也有记录

8.每月的通信费用为:

· 25 元以下

· 25—50 元

· 51—100 元

· 100 元以上

9.您认为您身边的大部分同学能否做到理性消费?

· 可以做到

· 不能做到

· 不知道

10.如果您每月的生活费有所增加,您会选择增加哪方面的消费?［多选题］

· 伙食

· 书籍

· 购物（零食、化妆品、服装等）

· 通信（包括上网）

· 娱乐（参加聚会、旅游等）

· 个人兴趣爱好

· 其他

11.如果您暑假打工赚了2500元,您会如何消费?［多选题］

· 存入银行

· 购物（如手机、电脑、MP3、相机、服装等）

· 参加个人培训（如参加语言培训班、技术培训班等）

· 娱乐（参加聚会、旅游等）

· 投资

· 用于个人兴趣爱好

· 其他

12.您认为什么是理财?

· 就是通过各种投资活动实现资产的保值增值的过程

· 就是如何合理安排资金的过程

· 就是通过对财务资源的适当管理来实现个人生活目标的过程

· 就是现金流量管理

· 其他

· 不太清楚

13. 您认为有没有必要加强对大学生理财能力的培养?

· 有

· 没有

· 无所谓

14. 您觉得目前大学生的消费中存在哪些不合理的现象? 您对这些现象有何看法?

非常感谢您的配合, 谢谢合作!

第二节　问卷设计的步骤

问卷设计的目的是通过有效、真实地获取尽可能多的信息来得出某种调研的结论，因此问卷的设计需要一定的开放度、一以贯之的逻辑思路，同时设计者在设计时也需要避免一些主观引导性的问题。当然，问卷调查还需要被调查者充分配合，因此在问题设计时也一样需要考虑被调查者的情绪。问卷设计具体可分为以下 9 个步骤。

步骤 1：确定研究问题和研究假设。

问卷调查的需求方和实施方往往不是同一人，甚至可能不是同一单位。因此在问卷设计的前期，需要明确问卷调查的初衷和目标，亦即本次需要设计的问卷是用于什么问题的研究，有哪些假设需要求证。因此，在问卷设计前需要有多次项目碰头会，厘清项目目标和需求证的问题。

步骤 2：确定样本来源、样本量和抽样规则。

采样渠道有很多，几种常用的样本渠道各有其适用场景，样本的采集能力也有强弱差别，需要谨慎使用。几种常见的数据收集方法各有其利弊，采用哪一种数据收集方法取决于调研目的和样本来源等信息。每一种数据收集方法都会对问卷设计产生影响。

步骤 3：设计题型。

题型主要包括：开放式问题、封闭式问题、量表应答式问题等。开放式问题是一种应答者可以自由地用自己的语言来回答和解释有关想法的问题类型。也就是说，调研员没有对应答者的选择进行任何限制。封闭式问题是一种需要应答者从一系列应答项中做出选择的问题。量表应答式问题则是以量表形式设置的问题。应根据调查目的选择合适的题型。

步骤 4：揣摩问卷措辞。

问卷的措辞要做到以下几点：第一，用词必须清楚；第二，避免诱导性的用语；第三，需考虑应答者回答问题的能力；第四，需考虑应答者回答问题的意愿。具体的措辞要求将会在下一节中进行介绍。

步骤 5：确定问卷推进思路。

问卷不能任意编排，问卷每一部分的位置安排都具有一定的逻辑性，其逻辑性描述应在表中列出。有经验的调研人员很清楚问卷制作是获得访谈双方联系的关键，联系越紧密，访问者越可能得到完整彻底的访谈，同时，应答者可能回答得越仔细。

步骤 6：问卷初审。

当问卷初稿设计好后，问卷设计人员应再对其进行批评性评估。如果每一个问题都是设计团队深思熟虑的结果，这一阶段似乎是多余的。但是，考虑到问卷在科研中所起的关键作用，还是建议添加这一步骤。在评估问卷的过程中，下面几个问题应当考虑：问题是否必要？问卷是否太长？问卷是否涉及调研所需的所有信息？邮寄及自填问卷的外观设计是否合理？开放式问题是否留足空间？问卷说明是否用了明显字体？等等。

步骤 7：问卷终审。

当问卷设计进行到这一步时，问卷的初稿已经完成。初稿的复印件应当分发到直接有权监督或者管理这一项目的相关部门及其负责人手中。实际上，在设计过程中相关负责人可能会多次加进新的修改信息。

步骤 8：问卷试投放、反馈和修改。

当问卷已经获得管理层的最终认可后，还必须进行预先测试。在没有进行预先测试前，不应当进行正式的问卷调查。通过预先测试找出问卷设计中存在的错误解释、语句不连贯的地方，并进行信度、效度和区分度的检验。预先测试也应当以问卷调查正式实施的相同形式进行。如果问卷调查计划采用入户调查的方式，那么预先测试也应当优先采取入户调查的方式。

在预先测试完成后，任何需要修改的地方应当及时修改。在进行实地调研前应当再一次获得各方的认同，如果预先测试导致问卷产生较大的改动，那么应进行第二次预先测试。

步骤 9：校对和打印。

在发放问卷前，打印、数字、预先编码都必须安排好，同时进行监督并校对，问卷可能需要进行特殊的折叠和装订。

综上所述，具体步骤如图 4-1 所示。

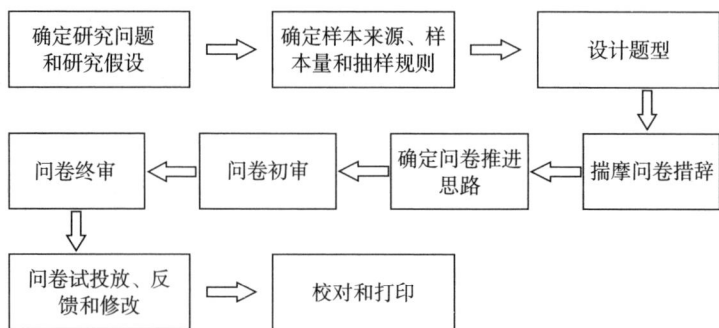

图 4-1 问卷设计的步骤

第三节　题型及答案设计

调查问卷题型设计可以作为独立课题来研究。题型设计需要做到多元维度、层次化问题结构、穿插多种题型、统一设计思路、递进题设逻辑，以获取有目的、全维度、低抵触、高价值并便于统计的有效问卷数据。

常见的问卷题型有以下八大类：

一、二项选择题

二项选择题主要适用于对态度、意见的测量，只列举两种答案，因此带有强迫性质。这里面需要强调的是，有关事实和状态（自然变量）的只有两种内容的题型设计不属于二项选择法。比如状态变量中的性别变量只有"男""女"两个答案，事实变量中关于是否参加过某一活动的"参加过与没有参加过"这种设计不属于二项选择，它只是多项选一题中的特例而已。

（一）穷尽的二项选择题

穷尽的二项选择题是为了更明确而简化地测量人们对某一行为或事物的态度而进行的强迫分类设计。

实例 4-1：你是否喜欢阅读《汽车》杂志？

（1）喜欢　　（2）不喜欢

实例4-2：你是否同意"主观为自己，客观为他人"这一观点？

（1）同意　　（2）不同意

虽然这种设计不能测量人们对某一观点的认同程度，而且使中立意见者偏向一方，但是它可以使不明确的态度明确化，并做到了简化了的穷尽。从强迫程度来看是比较低的。

（二）不穷尽的二项选择题

不穷尽的二项选择题的强迫程度要高得多，因为题型中的答案没有穷尽所有可能的答案，而且在一定程度上也违背了问卷设计的最基本的准则——穷尽性。但是为了更清楚地了解人们的态度偏向，这种方法又不失为一种有效的方法。例如为了了解大学生今后希望自己在社会中的地位而设计的一道题。

实例4-3：你希望做：

（1）大城市中的小人物　　（2）小城市中的大人物

这种设计没有包括"大城市中的大人物""小城市中的小人物"等内容，设计不穷尽，但却能真实地反映他们的基本生活准则和生活态度。此类问题设计和前面的答案设计的"穷尽"原则貌似相冲突，属于出于特殊目的所设计的问题，属于"倾向选择"型问题，是两种对立的观念的选择题，可以不用穷尽。

（三）不同程度的二项选择题

为避免被调查者屈从于某种"社会压力"而趋向于"社会需要"的答案，可提供不同程度的两种说法来让被调查者选择，以便更真实地了解他们的态度。这种问题包括政治态度、性心理、收入状况、市场评价等多方面。

实例4-4：如下两种说法，你更倾向哪一种？

（1）读某杂志时感觉好极了

（2）某杂志不错

其实隐藏在后面的答案是：喜欢某杂志／不喜欢某杂志。但是由于"不喜欢某杂志"这种答案太尖锐会引起被调查者的抵触情绪，被调查者会隐藏自己的真实想法而选择"喜欢某杂志"，这样就会导致调查结果偏差。

二、多项选一题

多项选一题是问卷题型设计中最常用的一种题型，它要求必须满足问卷的穷尽性和互斥性。

实例4-5：您对某报纸的态度是：

（1）非常喜欢

（2）比较喜欢

（3）一般

（4）不太喜欢

（5）非常不喜欢

（6）没有看过

这种设计是为了了解人们在所问的问题上的态度差异和频率，问题直截了当，不回避任何方面，在正常情况下，人们一般都采用这种设计。采用这种设计方式时有几个注意事项：一是，事先编号；二是，包括所有答案；三是，避免重复；四是，答案不宜过多。

三、顺位法

在国内运用顺位法最多的题型有两种，即多选题和排序题，但是实际上包括 6 种。以与多项选一题相近的程度可将它们分为：最重要顺位法、限制性多选题、无限多选题、排序题、重要程度顺位填空法、对比顺位法。

（一）最重要顺位法

最重要顺位法是介于多项选一题和多选题之间的一种方法，它表面上是多项选一题，但是因为是在众多的选择中选择最主要的，所以归为顺位法。

实例 4-6：你的工作岗位对你最重要的意义在于：

（1）经济收入的来源

（2）为国家和社会做贡献的地方

（3）与社会联系和社会交往的场所

（4）学习技术和掌握本领之处

（5）获得社会地位和社会承认的位置

（6）开创事业的基地

运用这种方法，被调查者虽然也是只选择一项，但是所列的答案却是他们都想选的或者想多选的，这就要求他们舍弃其他，只选"最重要"的。

（二）限制性多选题

限制性多选题是一种简化的多选题，它限制了被调查者选择答案的数目而不让他们无限选择。比如把实例 4-6 的题目改为"你的工作岗位对你的意义在于（限选 3 项）"，就成了限制性多选题。

这种设计相对于多项选一题可以给被调查者更多的选择机会，相对于无限多选题则简化了变量的数目。如调整后的实例 4-6 成为限制性多选题后，变量为 3 个，频率即是 3 个变量的无效百分比相加。但由此就出现了这种设计的最大缺点，即不能做交互分类，同时也不能看出选择这 3 项的顺序与程度。

（三）无限多选题

无限多选题是多选题中最常见的题型，它不限制被调查者选择答案的最多数目，而且让被调查者随意选择。比如实例 4-6 的题目变为"你的工作岗位对你的意义在于（可多选）"，其就成了多选题。这种设计的最大好处是使被调查者有更多的选择余地，但它的缺点也很明显，即没有简化变量，不能做交互分类，且各项答案的比率之和高于 100%。

（四）排序题

排序题是为了解决各种多选题的缺点而出现的一种题型设计，它最主要的特点是使被调查者选择的答案呈现出顺序与程度。

实例 4-7：你认为决定个人收入高低的因素主要是什么？（请将下列序号填入括号内）

（1）工龄

（2）学历

（3）岗位职务

（4）工作态度

（5）业务技术能力

（6）与领导的关系

（7）成就贡献

（8）风险责任

（9）体力支出

• 第一位因素（ 　　 ） 　第二位因素（ 　　 ） 　第三位因素（ 　　 ）

它的计算方法是：$p = \dfrac{p_1 \times 3 + p_2 \times 2 + p_3 \times 1}{3 + 2 + 1}$。

也就是说，要对答案进行加权平均。举例来说：答案（3）被调查员认为是第一位因素的占 10%，是第二位因素的占 20%，是第三位因素的占 20%，那么答案（3）的比例为（$10\% \times 3 + 20\% \times 2 + 20\%$）$\div 6 =$ 15%。

排序题的缺点也是不能进行交互分类。当然，排序题也有很多种，基本上包括三项排序、五项排序和全排序，其中三项排序最常见，全排序最少见，而且全排序又有很多缺点，包括没有简化变量的数目且计算复杂。它们的计算方法与上例相同，这里不赘述。

（五）重要程度顺位填空法

重要程度顺位填空法主要是针对排序题的缺点所形成的一种题型，因为排序题是依据一种程度进行的排序，即对所谓的第一重要、第二重要、第三重要的因素进行的顺序排列，而重要程度顺位填空法则不仅强调最重要的，也强调比较重要、略微重要和不重要的。因此，其调查的结果选题较多、排序更加精确。其主要题型如下。

实例 4-8：以下是企业内对人员的提拔和重用的一些标准

（1）工龄长　　　　（2）学历高　　　　　（3）能力强

（4）品德作风好　　（5）与领导关系好　　（6）对企业贡献大

（7）有家庭背景　　（8）工作表现好

问（每个问题最多选两项）：

（1）你认为最重要的标准是____

（2）你认为比较重要的标准是____、____

（3）你认为不太重要的标准是____、____

（4）你认为一点也不重要的标准是____

这种方法实际上是排序题的细化，是借用限制性多选题的计算方法而形成的一种非常有效的方法。它不仅简化了变量，了解了被调查者选择答案的程度，而且不像排序题那样计算复杂，还使所需的答案更加精确。

从理论上讲，重要程度顺位填空法还有一些小类，比如对问题不进行限制性多选而采用无限多选，或对问题进行单选，或选择后再排序，等等。如上种种变动都比实例4-8所设计的方法差，因为用无限多选等于增加了数倍的变量，单选则给被调查者的限制过多，选择后再排序则徒增了工作量。因此虽然这些变动是存在的，也有少数人采用过，但是并不可取。

（六）对比顺位法

对比顺位法是顺位法中最少见的题型，它是针对一些特殊的观念而设计出的一种题型。它基本的形式是：

实例4-9：哪个重要？

（1）甲和乙哪个重要

（2）乙和丙哪个重要

（3）甲和丙哪个重要

在一般情况下，如果甲大于乙，同时乙大于丙，那么甲大于丙，这是一个很简单的算术公式。但是现实生活中绝大多数的事情是模糊的，不像数学那样规律清晰。上述计算可能有第二个答案，即丙大于甲。而这种情况正是研究员要研究的。

实例4-10：在你的观念中，你认为：

（1）金钱和荣誉哪个重要

（2）荣誉和美女哪个重要

（3）金钱和美女哪个重要

综上所述，顺位法是非常重要且内容丰富的一种题型，它与二项选择题和多项选一题共同构成了3种最基本的问卷题型。以下介绍的几类题型都是有特殊用途的，虽不常见，但构思巧妙，对研究社会与市场很有益处。

四、倾向偏差询问法

倾向偏差询问法是由一组问题构成的，是应用直接询问的方法调查不易直接询问的问题，而不采用投射等间接询问的方法。这种方法在国外的市场调查中是采用过的，实际上这种思路可以应用到社会调查中。

实例4-11：在甲牌口红比乙牌价格低，两牌的市场占有率差不多或乙牌略高时，作为受乙牌厂家委托进行的市场调查是为了了解人们为什么要买甲牌口红，此时就可以采用如下一组问题了解甲牌口红的消费者（我们假定价格是最重要的影响因素）。

（1）现在你用什么牌的口红？（答：甲牌）

（2）目前最受欢迎的是乙牌，今后你是否仍然打算用甲牌？（答：是或否）

（3）据说乙牌价格要下降一成，你还用甲牌吗？（答：是的）

这种设计在表面上两次违背了问卷设计的基本准则——不能有诱导性的问题，但是正是这种"诱导"才使得人们的购买动机更加清晰可见（一般的动机调查用间接询问的方法）。如上例，经过倾向偏差询问法，可以确定价格对消费者购买甲牌口红的作用。问题（2）是为了了解被调查者的从众心理，问题（3）是为了了解价格所起的作用。

五、回想法

回想法的应用范围比较小，多用于市场调查，在社会调查中较少被使用。这种方法是通过一个直截了当的带有限定性的问题，让被调查者回想他所知道的内容。

实例 4-12：请列举你所知道的巧克力糖的名字：

_____、_____、_____、_____

这种方法多用于加深品牌名、公司名、广告印象强度等。需要注意的是，用这种方法提出的问题更直接，如果答案能够被预料到，可以把回答的内容列举出来。分析的方法是依据第一回忆率、第二回忆率……以此类推。

六、再确认法

再确认法是为了测量被调查者对某一事物的认知与记忆程度而形成的类似填空答题的收集资料的方法。这种方法是通过给被调查者提供一定的线索，如文字、图画、照片等，用以促使被调查者回忆某一现象。这种方法最先在进行市场调查时被采用，主要用于了解品牌名、公司名、广告注目语句、广告文案的知名度和认知度等。

实例 4-13：提示若干巧克力糖牌名后询问，"这儿列有几种巧克力糖的牌名，请你举出你所知道的"，回答标准分为"知道 / 不知道""看过 / 似乎看过 / 没看过"。

这种方法简洁明了，能够通过这一简单的问题，准确地判断某一品牌产品的广告投放得成功与否，以及消费者对这一品牌的市场认知度，并可以估计这一品牌的市场占有率。

七、数值分配法

所谓数值分配法实际上就是让被调查者为某些问题打分，可采用"5"分制，也可采用百分制。

实例4-14：请对大学生的如下意识进行评分。（说明：采用5分制，得分越高表示意识越强）

（1）竞争意识（　　）

（2）自立意识（　　）

（3）时间意识（　　）

（4）创新意识（　　）

（5）批判意识（　　）

这种方法可以使原来只能用文字中的模糊性语言表达的内容数量化，以利于统计分析。

八、配合法

所谓配合法，实际上是从英语考试中得出的一种方法，这种方法非常简单，是在左栏中的事物名称与右栏的用处之间连线，被调查者认为符合哪一种就连哪一个。这种方法运用很广，但使用者寥寥。此方法的好处是节省问卷的篇幅。

实例4-15：你认为下列保健品与什么功效连在一起。（说明：请用直线将两边的对象连起来，其中一个品牌最多与3个功效相连）

品牌	功效
	解酒
品牌甲	除疲劳
	强肝
品牌乙	健胃
	养颜美肌
品牌丙	促进血液循环
	健肾

第四节　问卷设计中容易犯的一些错误

问卷调查也是一个需要换位思考的过程，很多研究者在设计问卷的时候没有做到换位思考，问卷中出现单面角度问题，导致被调查者难以答题。所以进行问卷调查前一定要有试投放、试做、修改、评估的过程。以下介绍一些进行问卷调查时最容易犯的错误。

一、不完整的问卷形式

一份完整的问卷，正常来说由6个部分组成：标题、导语、统计编码、问题、设定答案及落款。但是在现实中，我们经常会看到不完整的问卷，其中较容易缺少的部分是导语和落款。导语部分的缺乏会使被调查者对调查的目的、内容和意义都缺乏足够的认识，无法更好地配合调查，也会影响被调查者的调查积极性。而落款的缺乏，则会让问卷的结束显得突兀。

二、不必要的问题

问卷的容量是有限的，被调查者填写问卷的时间同样有限。理想的问卷设计应是通过最少的问题获取最大的研究信息。但是由于部分研究者在调查之前对于调查的目的并没有思考清楚，总是按照常规的问卷形式在问卷中放入了大量不必要的题目。如很多问卷中都有关于人口学变量的调查，需要询问被调查者的年龄、学历、籍贯等等。但是，这些人口学变量对于一些研究来说是没有必要的，在这种情况下，则没有必要按照常规问卷那样设置这些问题。

三、过于深奥的问题

问卷中的用词和用句应该尽可能简单，难以理解的词句不仅会使答题者产生误解，也会使整个答题的过程变得费脑子，甚至痛苦。

实例 4-16：哪一种消费主张更符合你的消费观？

（1）消费主义　　（2）极简主义

无论是"消费主义"还是"极简主义"都是相对比较深奥的概念，需要一定的认知基础。我们需要考虑每一个被调查者不同的认知领域和认知基础。所以题项一定要基于被调查者的角度来设计。

四、主观性的、概念模糊的措辞

过多的出现具有主观性的措辞会让答案的选择变得困难，也难以将不同被调查者的回答进行比较。主观性的措辞如"非常""总是""有时"等非量化的主观程度词。

实例 4-17：你是否经常借用共享单车上下班？

（1）是　　（2）不是

什么样的频率是"经常"？有的人认为一周一次属于高频，而有的人并不这么认为。这样模糊的主观概念使得最终的数据结果也会带有主观色彩。建议可以改为：

您上周上下班时共使用了多少次共享单车？

（1）10次以上 （2）6—10次 （3）1—5次 （4）1次都没有用

五、过于尖锐和敏感的问题

问卷调查是非常需要被调查者配合的调查，因此想要数据尽量准确、完整，一定要考虑被调查者的体验感。有些问题是比较敏感的，比如年收入、跳槽次数、是否单亲家庭等，如果出于调查目的，这些问题没有办法避开，那么需要在措辞上更加严谨。

六、难以回答的问题

避免回忆性问题特别是很长时间以前的回忆，如"从小到大，有多少人问您借过钱？"此外，如需要大量计算的或要求很高精度的数据问题也都会导致问卷回答的准确率降低。

七、预设前提的问题

如"您多久借用一次共享单车？"这样的问题的前提是用过共享单车，或者说城市中有共享单车。研究者在这种问题前如果没有前置提问解答，那么这样的问题是非常不合适的，会让被调查者遇到"不知道该怎么回答"的尴尬局面。

八、多个问题、答案杂糅在一起

实例 4-18：您平时在哪里买菜？

a. 楼下超市

b. 附近菜场

c. 互联网平台

d. 只吃外卖

e. 在家吃但不是自己买菜

这个问题杂糅了"平常会在家做饭吗？""家庭平时是谁买菜？""平时习惯在什么地方买菜？"3 个问题。这样操作会导致在后期数据处理时产生大量问题，也会让问卷的设计逻辑出现混乱。

除了上述问题外，还有诱导性问题、双重否定性问题等，都要避免出现。问卷设计是一个既需要专业知识，又需要耐心态度的工作。在完成一份问卷的设计初稿后，最好能征求具有问卷设计经验的专家的意见，并与课题组的同事进行讨论，在经过反复修改、确定问卷设计无误后再进行发放。

第五章

问卷发放与问卷回收

职教科研中，尤其是进行实证分析的研究，要利用获取的资料进行分析，进而对理论上的结论进行实际验证，因此数据的收集至关重要。问卷的发放与回收，即是对科研数据的收集过程。

第一节　调查前的准备工作

　　问卷调查前的准备工作，主要是为了确保调查工作能够顺利开展。假设你要进入一个社区进行问卷调查，但你对这个群体并不熟悉，那么充足的准备将有助于接下来工作的开展。

一、做好调查人员的培训工作

　　在问卷调查尤其是采用访问式问卷的调查过程中，调查员与被调查者的接触尤为紧密，调查员的素质和水平对调查质量往往起到决定性作用。因此，在调查前，需要做好调查员的培训工作。

　　首先，对调查问卷的深度进行解读。调查员要对调查问卷中的如"卷首语"等内容有深刻而全面的认识，在被调查者询问时能够正确解释，同时不产生任何引导和偏误。在实际中，还要学会将书面的内容进行口语化转化。在访问式问卷中，要根据被调查者的实际情况，进行适当的转化。比如，对一些文化程度相对较低的人群，口语化的方式更能达到调查效果，甚至对于一些习惯用方言的被调查者还需要进行语言间的转化。另外，在获取信息的过程中，也要对一些疑问及时提出合适的追询，这也同样依赖于调查员对调查问卷本身的了解；同时，调查员还要有对被调查者回答是否真实、全面、准确的判断能力，并进行及时的验证。此外，应对一些突发事件的处理能力也很重要。例如，在问卷填答过程中，一些被调查者可能出现不配合的情况，就需要调查员运用其知识和经验进行协调，当然也依靠于调查员的工作责任感、上进心等。调查员还要学会做记录，问卷的全部内容都应在当场完成填写。

二、取得被调查者的支持

被调查者的支持对于完成问卷调查工作、提高问卷质量、提升问卷回收率等方面都具有重要的意义。要取得被调查者的支持，首先，在调查前要对他们有一个初步的了解。怎样才能有效突破呢？通过认识其中的个体是一种比较好的方式。例如，你要进入其他学校调查学生社团活动参与情况，那么你最好先通过认识的人了解基本情况，并且在调查时帮你"开道"，以便尽快地赢得被调查者的信任。其次，在问卷调查开始前要向被调查者清楚地表明调查目的，说明调查的保密性。当然，也可以通过给予一定奖励的方式来提高被调查者的参与积极性。

三、确保资料准确和工具齐备

调查前还要反复检查、确认问卷的准确性，避免问卷中出现任何错误，以免造成被调查者对内容的认识偏差及对调查者专业性的质疑；同时，在使用纸质问卷的调查中，要根据事先确定的调查规模准备好相应的问卷数。除了问卷本身外，还需要准备好相应的工具如水笔等。有些在商场、街道等处进行随机调查的情景中，可能会同时出现多个被调查者，充足的工具准备显得尤为重要。如果还设置了赠送小礼品的环节，那么小礼品携带充分也很重要。

四、明确人员的任务分工与合作

规模较大的问卷调查工作往往需要多人配合，因此在问卷调查开始前，要先对相关人员进行任务分工。第一，要将人员进行分组，并明确每个小组负责的工作范围。小组可以按照问卷调查的地区进行划分，也可以按照工作职责进行划分。第二，要明确小组内人员的分工。以规模较大的现场问卷发放为例，问卷调查小组需要明确发放问卷的人员、回收问卷的人员、发放礼物或报酬的人员、对已回收问卷进行现场质量检查的人员、后勤保障人员，以及现场整体控制人员等。只有明确和合理的任务分工，才能保证之后的问卷调查顺利推进。

第二节　问卷资料收集的几种方式

科研数据的收集包括一手数据和二手数据的收集。一手数据也称原始数据，主要指通过访谈、观察、问卷等方式直接获取的资料；二手数据主要指已有的、已经收集好的，而并非在本次研究中调查获得的统计资料。二手数据的收集可以是研究者对以前的一些内部资料的整理，也可以是利用一些公开的数据。例如，你在进行就业与工资相关研究时，就可以进入国家统计局官网（http://www.stats.gov.cn/），通过"数据查询"模块中的"年度数据"，获得不同分类的就业人员最近 5 年、10 年甚至 20 年的工资数据。尽管二手数据信息量大、获取成本较低、时间消耗少，但是却在相关性、时效性和可靠性方面存在缺陷，因此一手数据的获取还是非常重要的。本章本节结合第一章调查问卷的类型，将主要以常见问卷类型为例，重点介绍收集问卷资料的具体方式。

一、自填式问卷法

（一）个别发送法

个别发送法是指调查员将问卷印制好以后，派调查员根据所抽取的样本名单，将问卷逐个交给被调查者，同时向他们讲明调查的目的、意义、填写要求、注意事项后，请他们合作填答，并约定收取的时间、地点和方式，如约定调查员两天后再次上门收取。当然，有时也可以通过某些单位或组织，间接地将问卷分别发送到被调查者手中，等他们各自填写完毕后，再通过这些单位或组织集体收回，当然在这种情况下，问卷最好不涉及敏感的问题或者上下级关系的问题。比如，我们在进行一项消费倾向调查时，可以请社区工作人员协助将问卷发放到小区的每一位业主手中，再组织回收或者请业主在约定的时间内将问卷投递到小区门口的问卷回收箱内。如何保证调查匿名性，是个别发送法的重要问题，需要采用比较妥善的问卷回收方法，比如让被调查者将问卷放入空白信封后再上交。

个别发送法的操作特点使它避免了许多弱点：第一，它不仅比较节省时间、经费和人力，调查员还可以在送达的时候向被调查者进行解释和说明；第二，再次上门收取可以保证比较高的回收率；第三，调查具有一定的匿名性，减少了调查员所带来的某些偏差；第四，被调查者有比较充分的时间对问卷进行阅读、思考和填答。因此，个别发送法是一般的调查研究中使用较为广泛的资料收集方法。

（二）集中填答法

集中填答法是先通过某种方式，将调查对象集中在一起，向每个被调查者发放一份问卷，在集中讲解调查目的和填答问卷要求之后，让被调查者当场填答问卷，然后集中收回问卷。比如，在进行大学生职业价值观调查时，请学校工作人员协助将被抽到的学生集中在教室，将调查问卷发给每一个被调查者，在对调查的目的、意义、要求等进行简单说明的基础上，让被调查者当场填答问卷，填答完毕后再统一收回问卷。当然，也可以请被调查者填好后，在约定的时间内将问卷自行投递到教室门口的回收箱内，或者填答完成后将问卷留在桌面上，由工作人员统一收取。

这种操作方式比个别发送法更为省力、高效，调查员还可以在被调查者填答过程中解答他们所遇到的问题和疑问，这样可以大大减少理解偏误和错答的现象。当然，集中填答法更适用于学校、机关等单位，因其调查样本如学生、教师、机关工作人员等比较容易集中；但在很多调查中，被调查者并不集中，因此难以采用集中填答法，比如对退休职工的调查就比较难以采用集中填答法。另外，将众多的被调查者集中在一起，有时会形成某种压力，影响信息的真实性。

二、访问式问卷法

本部分主要介绍结构化的访问式问卷方法，即结构式问卷法。结构式问卷法是一种标准化的、高度控制的问卷方式，其实质是一种以访问的形式进行的问卷调查。根据访问员与被访者是否见面，结构式访问法又可以分为当面访问法和电话访问法。

（一）当面访问法

当面访问的一般程序是，先选择和培训一组调查员，由这组调查员携带访问问卷分赴各个调查地点，按照事先确定的调查方案和调查计划的要求，对所选择的调查对象进行访问，并按照问卷的格式和要求记录被调查者的各种回答。

进行当面访问，对调查员有较高的要求。调查员需严格依据调查问卷来提出问题，不能随意改变问题的顺序和提法，不能随意对问题进行解释，不能随意引导被调查者作答。另外，答案的记录也完全按问卷的要求和规范进行。

在自填式问卷法中，调查员只需向被调查者稍作解释，并将问卷送交给被调查者即可，至于问卷的填答工作，则完全由被调查者自己完成。而在当面访问中，调查员则要亲自依据问卷向被调查者进行提问，并亲自记录被调查者的回答。根据此项工作的要求，往往将应如何敲门、如何进入访问、如何控制访问过程等作为相应调查员的培训要点。

此外，与自填式问卷调查相比，在当面访问中，调查员能够对调查过程加以控制，能够减少被调查者对题目理解错误的情形；同时，调查员能够在询问和记录的同时，通过观察被调查者的表情、态度和行为来帮助分辨和判断被调查者回答的真实性程度。当然，当面访问法相对费时，费用也较高，因此，其调查的范围和规模往往受到很大局限。

（二）电话访问法

电话访问也是一种可采用的资料收集方式，是指调查员通过打电话的方式与被调查者取得联系，并在电话中对被调查者进行调查访问的方法。运用电话访问法：第一，要明确本次调查的目的，进而设计相应的问卷；第二，确定调查的样本，这里也可以借助计算机系统程序随机抽取电话号码；第三，选拔和培训一支进行电话访问的调查员队伍；第四，调查员在电话中根据访问问卷的内容进行询问，同时记录被调查者的回答。

电话访问和当面访问尽管都是通过访问式问卷来获取资料，但在具体的操作和技巧上还是存在一定的差别的。在当面访问中，调查员在听取被调查者回答的同时，可以通过观察被调查者的表情、动作等来判断被调查者提供资料的正确性和真实性；但是在电话访问中，听力判断成了调查员最重要的技巧，也就是说，在挑选和培训电话访问调查员时应格外注重其依靠听觉来进行情况判断的能力。同时，由于调查员的语音语调对被调查者会产生较大的影响，针对调查员，更强调口齿清楚、语气亲切、语调平和等要求，声音、声调、音量、语速、口音、吐字等内容可以成为挑选其的主要方面；由于"只闻其声、不见其人"，规范统一的打招呼、提问等方式的培训也就格外重要，比如很多电话访问人员都会以"您好，我是某某某（表明身份），想就某一问题（表明目的）对您进行电话访问，能占用您一些时间吗？"这样的方式开头。当然，每一次访问由于对象不同，同时又是个性化的，在规范的基础上也要学会随机应变。

相较于当面访问，电话访问的主要优点是简便易行、十分迅速、节约成本，并通过计算机辅助程序，可以迅速处理所得数据；同时，避免了有些调查对象不愿意调查员上门访问带来的不合作问题。但是，通过电话访问获取资料的深度难以得到保证。因为在一般情况下，调查员需要控制电话访问的时间，以确保访问不会过于冗长而造成被调查者的厌烦，否则就会对调查的深度和范围造成阻碍。因此，电话访问相对适用于一些简单的调查，诸如 10086 对客户满意度的问答，而不适合内容多且复杂的问卷。

三、网络式问卷法

随着科技的进步，网络的发展也日新月异，使用网络的人数更是无以计数，因此网络问卷法也成为问卷调查的重要方法之一。一般而言，网络问卷主要是采用自填式的方式进行填写，但在实际操作中又有所区别。采用网络问卷，调查员可以将问卷设计成电子版本，通过邮件、微信、QQ 等直接发送给被调查者进行回答，被调查者完成答题后发还。这种方式解决了个别发送法需要更多的时间、人力等方面的难题。

除此之外，当前更通用的方式，是通过调查网站进行网络问卷的发放。现在市面上有很多问卷网站，比如问卷星、问卷网、51 调查网、乐调查等，其中很多基本的功能均可以免费获取，调查员根据在网站上编制问卷后通过答题链接或者二维码，就可以迅速将问卷发送给众多被调查者，被调查者可以直接通过电脑、手机移动端等完成答题后提交。这种方式除了可以及时发送、回收问卷外，网站往往还具备一定的问卷分析功能，能够帮助调查员较快速地进行数据的整理和简单分析。

当然，问卷类网站根据收费与否及收费高低，推出的问卷服务也有所不同。以问卷星网站为例，按照收费由低到高有免费版、企业版和尊享版之分，不同的版本提供的服务存在差异，例如是否支持人工协助，是否提供人工录入功能，是否支持更多题型，是否支持创建360度评估问卷，可否通过问卷星邮件系统发送邀请邮件及数量多少，是否提供完成率分析，等等。其中，免费版主要适合学生或个人用户，可用于各类公开的在线调查。在该网站中还有一个收费的"样本服务"项目，网站利用积累的样本库成员，帮助用户结合其对目标人群的要求，完成问卷的发放和回收，并按有效样本数进行计价。

总体而言，网络调查与传统调查方法相比，突出的优势就是时效性强，搜集数据的速度快，费用相对低廉，能减少一些人为误差，同时调查范围不受时空限制；但其缺点也较为突出，有时候被调查者在进行网络问卷填答时，可能会比较随意，信息的真实性难以保证，另外网络调查也会存在一定的安全问题。

除了以上提到的问卷信息收集方式以外，如果预算充足，研究者也可以借助专业机构来完成信息收集工作。诸如一些专业的市场调查公司就可以提供此类服务，按照客户要求完成问卷的发放与回收。上述提到的"样本服务"，正属于这种类型。

第三节　问卷调查的实施与质量监控

一、问卷调查的实施

当研究者希望通过问卷调查的方式进行项目研究时，其一般程序包括设计调查问卷、选择调查对象、分发问卷开展调查、回收问卷、审查问卷等环节。其中，问卷调查的实施阶段是针对调查对象分发问卷开展调查，并将问卷进行回收和审查的过程。

具体的发放和回收在上述问卷资料的收集方式中已经具体说明。要指出的是，在问卷调查的实施过程中，根据本次调查所采用的方式，具体的要求也会有所不同。比如在采用自填式问卷时，一般回收率相对于访问式问卷较低，因此选择的调查对象样本多于计划的研究对象的比例要更高些。又如在采用网络式问卷时，被调查者的重视程度可能不够，因此在规定的回复时间前后，调查员应向被调查者发出提示通知，以使回复率达到一定的标准。而在访问式问卷调查中，对调查员的要求相对较高。当面访问时，入户敲门需要符合礼仪要求，一般正确的做法是先敲3下门，隔一小会儿，再敲几下，响度要适中，太轻别人听不见，太响则不礼貌，容易引起他人的反感；进入访问后，需要注意开场方式，出示证件，表明身份，说明调查目的，以赢得被调查者的支持；在问卷访问过程中，要注意控制内容，防止方向偏离，对出现的突发事件要能够及时处理；等等。而在电话访问中，通过开场的短暂时间让对方不直接挂掉或婉拒，能顺利接受调查是非常重要的。

二、问卷的质量监控

（一）过程管理与监控

在问卷调查的过程中，研究者就是一个指挥中枢，具体的工作需要一个相应的团队来完成，调查员是否能够根据研究者设定的目标保质保量地开展问卷调查工作，将直接影响问卷调查的最终质量。除了在事前对调查员团队进行合理的组建、严格的培训之外，研究者对实施过程的监控也非常重要。

研究者的质量监控可以体现在不同层面。第一，可以事先设计一个调研管理制度，如进度控制办法、复核审查办法、人员管理办法等，具体写明各项操作流程和要求，使调查员不仅有据可依，还能做到操作标准化。第二，要建立交流机制，以便定期汇总各个小组或各个调查员的调查进度，了解调查过程中出现的情况。第三，建立巡查机制，研究者在整个调查期间进入调查实地，可以通过示范等方式加强实地操作指导，并了解每一位调查员的工作情况，同时帮助他们解决调查过程中所遇到的一些问题。

（二）问卷审查

问卷回收后，总会出现一些回答不合格的无效问卷，因此对问卷进行严格的审查，是必不可少的环节，因为回收问卷的有效性直接影响数据分析的成效。所谓问卷审查，就是审查回收的问卷中，是否存在空白、乱填、误填、严重缺答等情况，剔除不符合要求的废卷，以使进入后续程序的问卷具有更高的有效性，减少后期的被迫返工或避免降低调查质量的风险。

在审查问卷时，一般需要考虑以下内容：第一，问卷形式上的有效性和真实性，比如一份问卷全部选了第一个选项，或者未答题的数量超过了规定的无效问卷的未答题数量，没有填答必要的基本信息等，要作为无效问卷将其剔除；第二，调查对象是否属于设定的调查范围内，如果超过了范围则要剔除，这一点尤其是在网络问卷中表现明显；第三，答案是否存在明显的错误；第四，对问卷中设计的检验性问题的回答是否存在矛盾；第五，访问问卷中访问员的基本信息、访问起止时间等内容是否齐全；第六，其他如编码是否正确、完整，字迹是否清晰等。一般来讲，问卷审查最好是在被调查者填写问卷当天及时进行，便于发现问题后及时回访、核实、补充。只有认真审查，努力提高问卷的合格率，淘汰一些不合格问卷，才能确保问卷的质量和后续工作的有效性。

第四节　问卷回收率的保证

在问卷调查研究中，还有一个重要问题就是问卷的回收率。很多人会问，问卷的回收率要达到多少，或者说问卷回收率高、低的标准是什么。艾尔·巴比提出了具体的数字要求，他认为要进行分析和撰写报告，问卷回收率至少要达到50%才是足够的，至少达到60%的回收率才算是好的，而达到70%是非常好的。[①]当然，他也指出，以上数据都只是概略的指标，并没有统计上的基础。另有不少学者也提出了更高的要求，研究者们也常把如何提高问卷回收率问题作为关注点之一。确实，提高问卷回收率是问卷调查的一个关键问题，是整个问卷调查成败的重要标志。影响问卷回收率的因素有很多，要提高问卷回收率，可以从以下几个方面着手。

第一，提高问卷设计的质量。一份高质量的问卷要有一个明确的研究主题，通过标题使人一目了然，进而使被调查者产生兴趣和责任感；同时问卷的封面信和指导语要明确，让人迅速了解本次调查的目的、意义、内容、组织单位、调查结果的应用、保密措施等，使被调查者能积极配合调查；问题和答案作为问卷的主体至关重要，问题的表述、结构、填答方式直接影响被调查者的填答态度；问卷的长度、版面设计等也会影响填答率和回收率。内容不当、篇幅过于冗长、题型设计不合理、版

---

①艾尔·巴比：《社会研究方法》（第十一版），华夏出版社2018年版，第262页。

面不够清晰，都是造成问卷回收率不高的重要原因。

第二，要争取权威机构的支持。问卷调查主办方的知名度和权威性对调查对象是否积极参加问卷调查的影响很大。比如，一些党政机关主办的问卷调查的问卷回收率相较于企事业单位的要高，单位主办的问卷调查的问卷回收率相较于个人的要高。因此，研究员在实际操作中，可以有目标地寻找相应的有一定知名度的权威机构作为合作方，以切实提升问卷回收率。

第三，调查对象的选择要恰当。不同的调查对象具有不同的特质，包括合作态度、答题能力等，在不影响结果的情况下，应根据问卷内容和难易程度选择合适的调查对象。

第四，要选择较高回复率的问卷调查方式。不同的问卷调查方式，其回复率存在一定的差异。例如，当面访问填写问卷的回复率是比较高的，可以接近100%；网络问卷由于缺少一定的监控，相对而言，回复率就会低一些。因此，如果采用这类方式，就要注意一些方式的叠加，比如在截止日前后的提醒、催交、再次发送链接等，以提升问卷的回收率。

第五，采取一定的激励措施。在邮寄问卷尚流行的时代，调查员把填好邮票的回寄信封准备好或者直接附上小额现金会增加问卷的回收率，当下提升回收率的妙招也随着问卷调查方式的改变而有所变化。例如，在使用网络问卷时，在微信、QQ群里发个红包，增加大家的点击率，很多人收了红包自然也就答题了；在街头发送问卷时，随赠小礼品也是一种常用的方法；对于有些被调查者对调查本身感兴趣的，调查员表明在调查结束后可以提供调查统计结果也是一种吸引他们填答的方式。

第六章

问卷数据的整理与转化

在问卷回收之后，在对问卷数据进行统计分析之前，还有大量的工作要做，如将杂乱无序的数据整理成整齐有序的数据，将缺失或无效的数据置换成可使用的数据，将定性的数据编码成定量的数据，等等，这就是问卷数据的整理与转化。本章将介绍如何在 SPSS 软件中开展此类工作，主要包括缺失值和无效值的处理，数据的编码、排序和重新分组等。这些内容是数据处理工作的开端，也是后期数据统计分析的前置条件。

第一节　SPSS 介绍

SPSS 诞生于 1968 年，其最初的名称是"社会科学统计软件包"（Statistical Package for the Social Science），之后在 2000 年被更名为 Statistical Product and Service Solutions，即"统计产品与服务解决方案"软件。几十年来，SPSS 在自然科学和社会科学方面都得到了广泛使用。

近几年，虽然有各种更具灵活性、更加开放的软件，如 R、Stata 等出现，但是 SPSS 的地位仍难以撼动，最主要的原因就在于其操作简单，上手快，不易出错。相对于需要自己输入语法程序，只要语法拼写有一点错误或格式不正确就完全跑不出结果的其他统计软件而言，SPSS 只要通过点击几个按钮就能立刻得出正确的答案，其优势不言而喻。对于职教老师来说，SPSS 是进行统计分析、开展科学研究的好帮手。因此，本书主要以 SPSS 23.0[①] 软件的操作为例，为大家讲解常用的数据处理和分析方法。

用 SPSS 处理数据，就像把大象放进冰箱，简单来说只有 3 个步骤：一是把数据导入 SPSS；二是点击统计分析相关按钮；三是查看统计分析结果。因此，SPSS 的操作并不难，难的是隐藏在软件分析背后的统计学原理，以及对统计分析结果的正确理解与解释。在本章中，我们主要介绍 SPSS 的界面和常用窗口，以及与统计分析的 3 个步骤相关的内容，

---

①本章所用的SPSS的版本为IBM SPSS Statistics 23.0。

包括如何录入数据并对数据进行编辑，最基本的统计操作按钮在何处及统计结果如何呈现。关于统计分析的具体原理和对分析结果的理解等内容将放在第七章、第八章和第九章中进行介绍。

一、SPSS 常用窗口介绍

（一）数据视图窗口

SPSS 主要包括 3 个窗口，当我们双击电脑桌面上的 SPSS 图标打开软件后，可以看到第一个窗口：数据视图窗口。如果已经将数据导入，则数据视图窗口如图 6-1 所示；如果还没有导入数据，则数据视图界面显示为空白。在数据视图窗口最上面有 11 个菜单，分别是：［文件（F）］［编辑（E）］［查看（V）］［数据（D）］［转换（T）］［分析（A）］［直销（M）］［图形（G）］［实用程序（U）］［窗口（W）］［帮助（H）］。其中，使用较多的菜单为［文件（F）］［编辑（E）］［数据（D）］［转换（T）］［分析（A）］5 个。

图 6-1 数据视图窗口

　　［文件（F）］菜单主要用于数据的新建、导入、导出、读取、缓存、编辑、保存及打印等，与数据库有关的基础性操作也都在这个界面下进行（见图6-2）。

　　［编辑（E）］菜单主要用于编辑数据或语法，如撤销、重做、剪切、复制、粘贴、清除、插入变量及插入个案等（见图6-3）。

图 6-2　文件菜单

图 6-3　编辑菜单

　　［数据（D）］菜单用于对个案（即观察值）进行标识、转置、排序、加权等，同时也可以对文件进行拆分和合并（见图6-4）。

　　［转换（T）］菜单主要用于对原始数据进行处理和编码，使其可

以更加符合统计分析的要求。例如，将变量进行重新编码（详见本章第四节），以及计算、计数、替换缺失值、创建时间序列等（见图6-5）。

［分析（A）］菜单是SPSS统计软件的重要部分，大部分的统计分析选项都在此菜单下。例如，本书之后讲述的描述统计分析、平均值比较、相关分析、因子分析（效度检验）、可靠性分析（信度检验）等（见图6-6）。对此菜单下各个功能的了解，直接决定了对SPSS统计分析功能的使用程度。

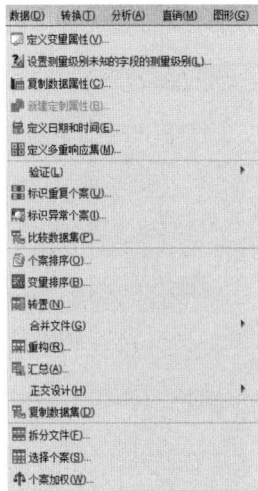

图6-4　数据菜单

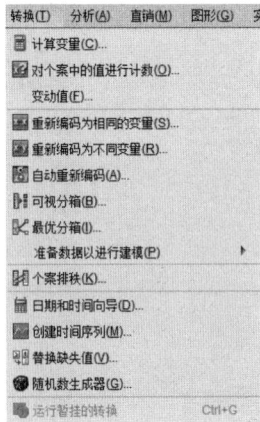

图6-5　转换菜单

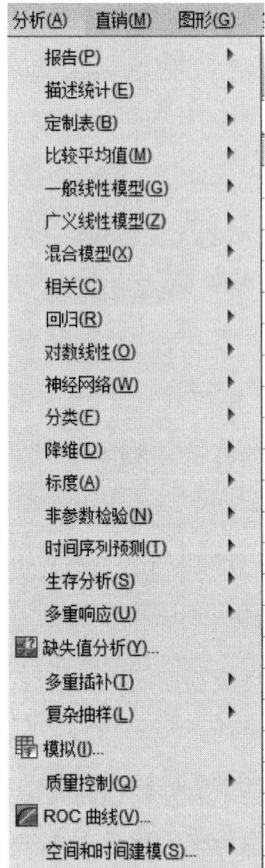

图6-6　分析菜单

在之后的章节中，会对一些常用菜单的使用进行说明，如果希望深入了解 SPSS 的所有操作，可以参考相关专业书籍。

（二）变量视图窗口

在数据视图窗口的左下角，可以看到"变量视图"选项，点击后即可切换到变量视图窗口。在该窗口可以非常直观地看到每一个变量的名称、类型、宽度、小数位数、标签、值、缺失等（见图 6-7），同时对变量的相关内容的修改可以直接在变量视图窗口进行，相关内容将在本节第二部分进行具体介绍。

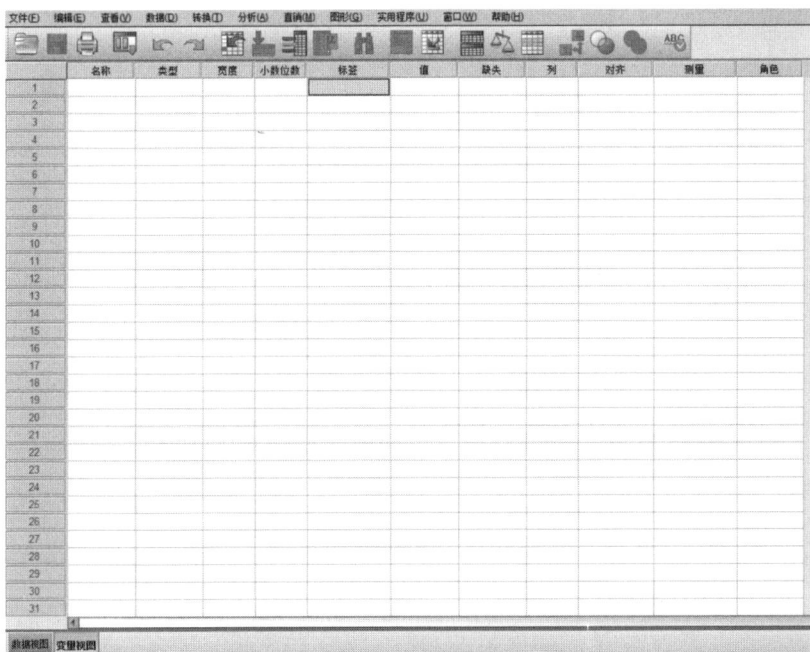

图 6-7　变量视图窗口

（三）结果显示窗口

与数据视图窗口、变量视图窗口不同，结果显示窗口在刚打开 SPSS 软件的时候并不能看到。只有在完成统计分析后，结果显示窗口才会跳出来，并在窗口上详细呈现相关的统计分析结果和相应图表。图 6-8 就是对"学生期末平均分"进行描述统计后，结果显示窗口显示的情况。

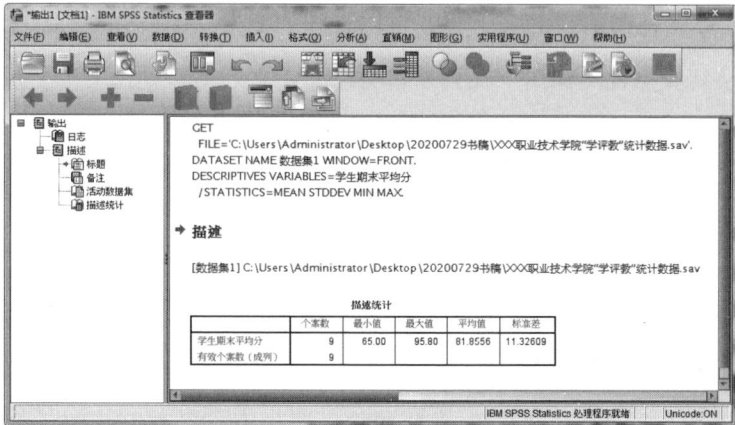

图 6-8　结果显示窗口

二、SPSS 的数据录入、编辑和保存

（一）数据的录入和导入

利用 SPSS 软件，可以直接在数据视图窗口录入数据或者直接导入数据。可以导入的数据形式非常多，包括 SPSS 数据文件（扩展名为 *.sav），Excel 数据，其他统计分析软件如 SAS、Stata 的数据，甚至可以导入一般文本中的数据，如以"*.txt"和"*.dat"等为后缀的文件。

想要导入数据只需要点击菜单栏最左边的［文件（F）］选项，然后点击［打开（O）］，再选择［数据（D）］，就会弹出如图 6-9 所示的窗口。在窗口的［文件类型］下拉菜单中，选择所需要导入的文件类型，然后在"查找位置"找到自己需要导入的文件，再点击［打开（O）］即可。

将数据录入或导入后，可以点击变量视图窗口，然后对变量的名称、

图 6-9 打开数据窗口

类型、宽度等内容进行设置。如果导入的数据中本来就明确了变量的名称、类型等，那么在导入后，可以直接在变量视图窗口看到相关的信息；如果是自己直接录入的数据，或是原来的数据没有注明名称等内容，那么就需要在这个部分对相关信息进行编辑。

例如，我们把"浙江 ×× 职业技术学院'学评教'统计数据"的 Excel 数据导入了 SPSS 软件，数据视图中显示的结果如图 6-10 所示。

	姓名	性别	学生评教分数	对教师的满意度	学生期末平均分
1	张三	1.0	90.0	5.0	95.50
2	李四	2.0	75.0	2.0	77.30
3	王五	2.0	80.0	3.0	82.00
4	赵二	1.0	95.0	5.0	95.80
5	王一	1.0	88.0	3.0	90.00
6	钱六	2.0	80.0	3.0	81.20
7	孙七	1.0	82.0	3.0	84.40
8	吴八	2.0	60.0	1.0	65.50

图 6-10 数据导入后数据视图窗口的显示

（二）数据的编辑

在数据导入后可以发现两个问题：第一，系统默认了保留“性别”“学生评教成绩”和“对教师的满意度”数据小数点后一位数，“学生期末平均分”为默认保留小数点后两位；第二，性别的“1”和“2”所表示的真实意思无法体现。

这些问题我们都可以在变量视图窗口进行修改。如图 6–11 所示，我们可以在变量视图窗口修改变量的类型，可以看到 SPSS 已经识别“姓名”变量为“字符串”，而其他几个变量为“数字”。如果 SPSS 显示的结果不正确，那么只要直接点击变量的类型，就可以看到右边出现了“数字 ...”按钮，点击后会出现新的窗口，在该窗口可以选择变量的类型，如日期、货币等。在变量视图窗口我们也可以修改变量的宽度（即长度），也就是小数点后的位数，由于“性别”和“对教师的满意度”都是自己编码的变量，是不带小数点的，我们可以将小数位数改为“0”。

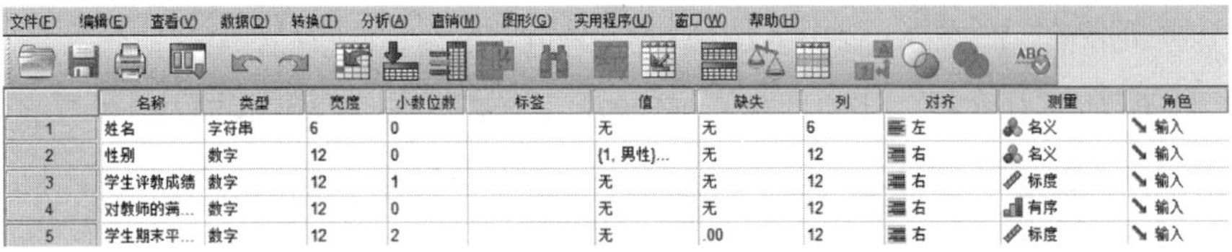
文件(F) 编辑(E) 查看(V) 数据(D) 转换(T) 分析(A) 直销(M) 图形(G) 实用程序(U) 窗口(W) 帮助(H)

	名称	类型	宽度	小数位数	标签	值	缺失	列	对齐	测量	角色
1	姓名	字符串	6	0		无	无	6	左	名义	输入
2	性别	数字	12	0		{1, 男性}...	无	12	右	名义	输入
3	学生评教成绩	数字	12	1		无	无	12	右	标度	输入
4	对教师的满...	数字	12	0		无	无	12	右	有序	输入
5	学生期末平...	数字	12	2		无	.00	12	右	标度	输入

图 6–11　在变量视图窗口中对变量的相关属性进行修改

“标签”是对变量的详细说明。在很多问卷调查中，题目的表达非常长，比如对满意度调查的问题——“Q1. 您对自己班主任的工作是否满意？”在这种情况下，变量名称就不宜直接用问题来表示，而是把“Q1”（question 1）设置为变量名称，把“您对自己班主任的工作是否满意？”设置为该变量的标签。这样会让数据看起来比较清爽，同时在结果显示的时候又能显示出 Q1 的具体内容，让结果更易懂。

"值"的设置同样比较重要。例如前面所述的"性别"变量，我们在编码的时候，实际上是将"男性"编为1、"女性"编为2，具体设置步骤如下：点击［值（U）］下面的弹出窗口按钮，点击后，会弹出"值标签"窗口（见图6-12）。在［值（U）］的右边框中填入"1"，在"标签（L）"的右边框中填入"男性"，再按［添加（A）］按钮，同样，将值"2"标签为"女性"，然后点击确定即可。设置"值"以后，在统计结果中就可以显示出不同数值所代表的意思，让结果更易理解。

图 6-12 值标签的设定

"缺失"是对缺失值的处理，默认是"无缺失值"。如果我们需要设置某些数值为缺失值，也就是认为这些数据没有用，可以将这些数据设置成是"缺失"的。如在数据库中，有学生的"期末平均成绩"显示为0分，而对于0分的结果，我们认为可能是填写错误导致的，不作为考虑。这样我们就可以在［离散缺失值（D）］下面将0列入其中，离散缺失值最多可以写3个。如果是某个范围内的数据都被视为缺失值，那么在［范围加上一个可选的离散缺失值（R）］下方的空格中写上下限和上限即可（见图6-13）。

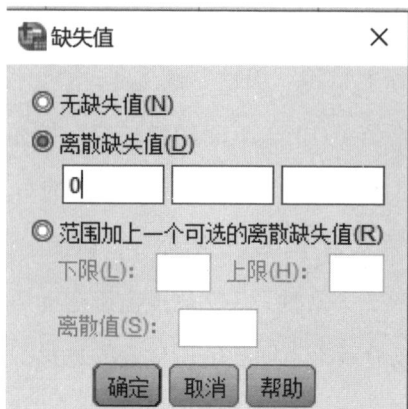

图 6-13　缺失值的设定

"列"是指列宽，在 SPSS 中可以通过数据调整每一列的宽度。

"测量"则是指变量的层次，是"标度变量"（可以计算的变量），或是"有序变量"（可以排序的变量），或是"名义变量"（只是名称不同的变量），可以根据变量的实际情况进行选择。

（三）数据的保存

在数据录入后，可以直接点击左上角的［保存此文档］按钮进行保存，默认的保存格式为 SPSS Statistics（*.sav）格式，以这个形式保存的数据，之后只要双击该数据，系统就会自动打开 SPSS 软件并显示数据。当然，也可以保存为 Excel 等格式，此外还可以对文件进行加密。SPSS 软件中的数据也可以打印和导出，这些都可以在菜单栏的［文件（F）］菜单下找到相应的选项。

第二节　缺失值和无效值的处理

在问卷数据的收集过程中，总是会出现缺失值（Missing Value）或无效值（Invalid Value）。所谓缺失值，是指问卷调查中的被调查者没有进行填答的问题，或是数据录入员在数据录入时不小心漏掉的题项。所谓无效值，是指被调查者答错或数据录入员录入错误的值，如在询问年龄的问题中，如果出现了"600 岁"的回答，则明显是无效值，很有可能是被调查者或录入员不小心多填了一个 0。在所有数据录入完毕后，研究者需要对所有的数据进行检查，当发现缺失值或无效值后，要仔细进行核对。如果是数据录入的问题，则可以重新进行录入；如果是被调查者没有填答或答错，则可以用本节中所介绍的处理方法。

一、缺失值和无效值产生的原因

缺失值或无效值出现的原因有以下几种。

（一）被调查者漏填、错填或者拒绝回答

第一种情况是被调查者漏填。网络电子版的问卷因为经常有漏答题的提示，所以漏答的情况已经大大减少。对于纸质版的自填式问卷来说，漏答的现象仍然存在，特别是在被调查者的时间比较紧张（如在马路上随机拦人填写问卷）、题量较大（被调查者失去了耐心），或者是问卷排版不合理（如题与题之间行距太小）的情况下，漏填漏答的情况更容易出现。

第二种情况是被调查者错填。这往往和题项的设计不合理、题目表达不清晰，导致被调查者产生误解有关。如在问卷调查中，我们经常希望知道对方的年龄，为了让问题通俗易懂，有的问卷设计者可能会问"您今年多大？＿＿＿"。但是这个问题在被调查者读题不仔细的情况下，可能会在相应的空格上填下自己的出生年份，结果就是："您今年多大？1979"。当年龄数据录入后，我们可能会将大于120的数值都设置为无效值（因为我们假设很少有人大于120岁），那么1979这个数值自然被作为无效值处理掉了。

第三种情况是被调查者拒绝回答。如针对太敏感的问题，或者是涉及个人隐私的问题，被调查者都有可能拒绝回答。所以有些学者习惯将相对较敏感的题项放在问卷的最后面。这样被调查者因为已经完成了前面的题目，所以看到最后的问题时也有更大的动力去做完。即使被调查者拒绝回答，调查员也已经拿到了问卷调查的大部分答案。但是如果调查员将被调查者不愿意回答的问题放在了最前面，则可能导致被调查者对后面的问题也产生了拒绝回答的情绪，使问卷中的缺失值大大增加。

（二）由于调查员的失误导致被调查者漏答或答错

尽管调查员负责提问和填写的问卷大大减少了缺失值和无效值的出现，但是调查员本身的失误也可能带来漏答和错答，而且一旦出现，产生的后果就比较严重。例如，调查员在翻阅问卷时，不小心多翻了一页，则可能导致整页的问题都没有被问到（当然这种情况在被调查者填写自填式问卷时也可能出现）。又如调查员对某一个题目理解错误，因此根据调查员的错误理解收集回来的所有数据都是错误的，只能做无效值处理。

（三）数据录入者的失误

数据录入是一项极其需要耐心和细心的工作，面对海量数据如果是人工录入的话难免会出现错误，这时候就需要配一个检验人员，负责对数据录入的情况进行核对。现在由于通过网络问卷调查获得的数据可以直接导出，已经减少了因为数据录入而带来的错误。

二、缺失值和无效值的处理逻辑

面对已经存在的缺失值和无效值，我们应该如何进行处理呢？首先是要将无效值转变成缺失值，我们在上一节中已经介绍过变量视图中的"缺失"选项，对于一些无效值可以通过该选项让系统将其默认为缺失值。如果询问的是年龄，那么就可以在"缺失"选项中，将这个答案的范围限定为"下限 0，上限 100"，这样凡是小于 0 和大于 100 的答案都会被默认为缺失值。

SPSS 中的缺失值，会在单元格中以"."符号表示，意思就是这个值是空白的，没有被录入。对于缺失值总体上有两种处理办法。

第一种是直接删除。在 SPSS 的各种分析功能中，如果该统计分析方法需要考虑缺失值这一因素，则会在分析功能窗口出现"选项"按钮，点击后会出现处理缺失值的方法，有［按具体分析排除个案（A）］［按检定排除个案（T）］［按成对方式排除个案（P）］［成列排除个案（L）］。一般情况下，不同的统计分析方法在缺失值的处理上都会有一个默认的选项，会自动对缺失值进行处理。

第二种是以平均值或中位数进行置换，就是用该问题回答的平均值或中位数来代替缺失值，这样可以保证数据库中各个数值都可以被完整地体现出来，具体操作见下文。

三、SPSS 对缺失值的置换

下面以“××职业技术学院‘学评教’统计数据”为例，来看下如何以平均值代替缺失值。如图 6–14 所示，在现有的数据中，名字叫周九的同学的“学生评教分数”是缺失值，用数列平均值的方法对缺失值进行置换的操作如下：

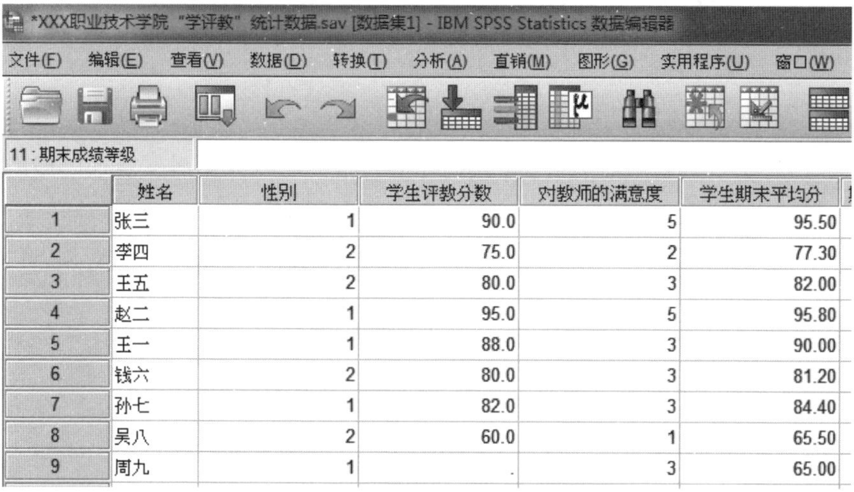

	姓名	性别	学生评教分数	对教师的满意度	学生期末平均分
1	张三	1	90.0	5	95.50
2	李四	2	75.0	2	77.30
3	王五	2	80.0	3	82.00
4	赵二	1	95.0	5	95.80
5	王一	1	88.0	3	90.00
6	钱六	2	80.0	3	81.20
7	孙七	1	82.0	3	84.40
8	吴八	2	60.0	1	65.50
9	周九	1	.	3	65.00

图 6–14　××职业技术学院“学评教”统计数据

点击工具栏［转换（T）］→［替换缺失值（V）］→自动开启替换缺失值的对话框（见图 6–15）→选择左边变量清单中的“学生评教分数”变量，将其放入右边［新变量（N）］下的方框中→在［名称（A）］选项的方框中输入新变量的名称（系统也会自动生成默认的新变量名称“学生评教分数 _1”）→在［方法（M）］选项的下拉菜单中选择［序列平均值］，再点击［变化量（H）］→点击［确定］即可。

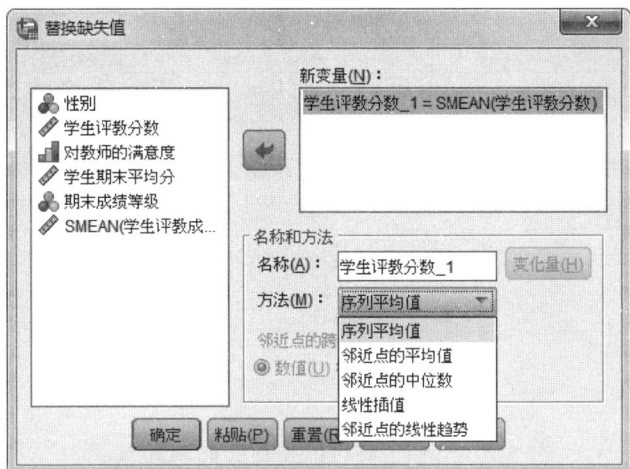

图 6-15 "替换缺失值"对话框

备注：在［方法（M）］选项的下拉菜单中，也可以选择其他数值对缺失值进行置换。［序列平均值］是指整列数据的平均值，也就是这一变量所获得的有效数据的平均值。［邻近点的平均值］是缺失值前后数值的平均数，可以在下面［邻近点的跨度］中设置邻近点的个数，如设置为 1，就是取缺失值前后的 1 个有效数值的平均值作为缺失值的数据；如果设置为 2，就是取缺失值前后的两个有效数值的平均值作为缺失值的数据。［邻近点的中位数］是以缺失值前后数据的中位数作为缺失值的数据。［线性插值］和邻近两点的平均值的原理是一样的，也是选择缺失值前后两个数值的平均值作为缺失值的数据。［邻近点的线性趋势］是用简单线性回归方程的原理，通过已有数据建立回归方程，再估算出缺失值的数据。

完成操作后的数据如图 6-16 所示，在"学生评教分数 _1"这个新变量中，周九的分数已经用序列平均值 81.3 进行了置换。

图 6-16　进行平均值替换后的成绩显示

四、减少缺失值和无效值的方法与技巧

每一次问卷调查都要耗费大量的人力、物力和资金，特别是对于入户的一对一深度调查，每一个被调查者的获得都很难得，每一个调查数据的缺失或无效都会让研究者感到惋惜。为了减少缺失值和无效值，我们可以从以下几个方面进行改进。

（一）选择更合适的问卷调查方法

如前文所述，在马路上随机拉人的偶遇抽样，因为无法给被调查者提供舒适、宽松的答题环境，所以会导致问卷更容易出现缺失值和无效值。同样，自填式问卷因为依赖于被调查者自身的阅读和理解能力，所以也会增加出现缺失值和无效值的概率。一对多的问卷调查也会比一对一的问卷调查出现更多的缺失值和无效值。当然，每种问卷调查方法都各有优点和缺点，有些问卷调查方法虽然能大大减少缺失值和无效值，但是同样存在成本过高、操作难度过大等问题。因此，问卷调查方法的选择需要研究者根据自己研究的需要，以及对缺失值和无效值的容忍度进行衡量。如果在同等条件下，则应该选择能提高问卷回答质量的方法。

（二）设计更好的问卷

如上文所述，问题表达模糊是导致无效值的原因之一，因此在设计问卷时，要尽量让问题清晰，没有歧义。如对"您今年多大？＿＿＿"这类问题，我们除了可以将其改为"您的年龄是？"以减少歧义外，还可以在这个回答问题的横线后面加上单位，如"您的年龄是？＿＿＿岁"，以减少填写年份的可能性。当然，实际上，"您今年几岁"的问法仍然有歧义，因为这种问法会导致有些人填周岁，有些人填虚岁。如果继续改进，则可以改为"您的年龄是＿＿＿周岁"。当然，另一种很好的问法是"您的出生年份是＿＿＿年"，这样减少了被调查者在计算周岁的过程中可能造成的错误，同时也让这个问题的回答变得更加简单。调查员在回收数据后，只要将当年的年份减去被调查者的出生年份，就可以算出被调查者的年龄。此外，某些量表的设计可能导致出现"答题者惯性"，即针对同样类型的题目，选择了一样的答案。如表6-1所示的李克特量表，由于所有的问题都采取了非常类似的表达，出于惯性，被调查者在回答题目的时候，可能会大大缩短阅读题目的时间，飞快地看题并选择一样的答案，而完全没有意识到某些选择出现了错误（第5题）。

表6-1　容易出现"答题者惯性"的量表

请根据您的真实感受进行选择：

题项	完全同意	比较同意	一般	不太同意	完全不同意
1.蜜蜂是益虫					
2.蜻蜓是益虫					
3.螳螂是益虫					
4.蚯蚓是益虫					
5.蝗虫是益虫					
6.七星瓢虫是益虫					

为了减少这种情况，可以在量表中设置一些反向赋值的题，如表6-2中的第3题和第4题，使题目的意思表示和其他题目呈现相反的特征，让被调查者不得不减缓答题速度以进行更多思考，从而减少答题错误。

表6-2 打破"答题者惯性"的量表

请根据您的真实感受进行选择：

题项	完全同意	比较同意	一般	不太同意	完全不同意
1.蜜蜂是益虫					
2.蜻蜓是益虫					
3.螳螂是害虫					
4.蚯蚓是害虫					
5.蝗虫是害虫					
6.七星瓢虫是益虫					

（三）对调查员和数据录入者进行严格的培训

由于问卷调查和数据录入都是专业性的工作，因此需要对从事这两种工作的人员进行严格的培训。在对调查员的培训中，需要保证调查员已经对问卷非常熟悉，完全理解每一个题目的准确意思。针对数据录入者，则需要教授其数据录入的技巧和检查方法等。

第三节　数据的编码

一、把文字变成数字：第一次编码

如前所述，可以直接在数据视图窗口录入数据，也可以从外部导入数据。但是不管是直接录入数据，还是导入数据，需要明确的是，SPSS只能对量化的数值进行统计分析，而对文字是没有办法做统计分析的。但问卷中各个题目的选项主要是文字（如"您的性别是：A.男性　B.女性"），数值是非常少的（直接可以以数值显示答案的题目如"您的出身年份是＿＿年"）。那么如何用数值来替换文字呢？这个就是编码的工作，编码工作最好能够在问卷设计的过程中完成。

下面是两份针对大学本科生的问卷：第一种问卷形式（见实例6-1）非常常见，但是并不专业，因为这是未经过编码的，或者没有对未来编码工作的简便性进行考虑的问卷；第二种问卷形式（见实例6-2）则显得更加专业，已经进行了初步的编码。

实例6-1：　××大学生食堂满意度调查（问卷模板一）

1. 您的性别：A.男性　B.女性
2. 您的年龄：＿＿＿＿＿＿周岁
3. 您的年级：A.大一　B.大二　C.大三　D.大四
4. 您对学校食堂的伙食味道感到：
A.非常不满意　B.不太满意　C.一般　D.比较满意　E.非常满意
5. 您对学校食堂的就餐环境感到：
A.非常不满意　B.不太满意　C.一般　D.比较满意　E.非常满意
6. 您觉得学校食堂伙食的价格：
A.非常贵　B.比较贵　C.一般　D.比较便宜　E.非常便宜

实例 6-2： ××大学生食堂满意度调查（问卷模板二）

A1 您的性别：1. 男性　2. 女性

A2 您的年龄：＿＿＿＿＿＿周岁

A3 您的年级：1. 大一　2. 大二　3. 大三　4. 大四

B1 您对学校食堂的伙食味道感到：

1. 非常不满意　2. 不太满意　3. 一般　4. 比较满意　5. 非常满意

B2 您对学校食堂的就餐环境感到：

1. 非常不满意　2. 不太满意　3. 一般　4. 比较满意　5. 非常满意

B3 您觉得学校食堂伙食的价格：

1. 非常贵　2. 比较贵　3. 一般　4. 比较便宜　5. 非常便宜

　　第二种问卷形式相对于第一种问卷形式的优点表现为：第一，将问题进行了分类，将与人口学变量相关的问题用字母 A1，A2，A3 来进行编号，将与食堂就餐满意度相关的问题用 B1，B2，B3 进行编号。这样后期在 SPSS 中寻找相关问题时就会方便很多。第二，直接用数字对选项进行了编号，等于完成了一个初步编码的工作，这样，每一份问卷的答案就可以直接以数字的形式录入 SPSS 或 Excel，不仅方便快捷，而且不容易出错。

　　实例 6-3： 问卷答案的录入

问卷编号：0001　　　　　　　　　　　　　　　　　　录入的数值

A1 您的性别：1. 男性√　2. 女性　　　　　　　　　　　　1

A2 您的年龄：＿＿20＿＿周岁　　　　　　　　　　　　　　20

A3 您的年级：1. 大一　2. 大二　3. 大三√　4. 大四　　　3

B1 您对学校食堂的伙食味道感到：

1. 非常不满意　2. 不太满意　3. 一般√　4. 比较满意　5. 非常满意　3

B2 您对学校食堂的就餐环境感到：

1. 非常不满意　2. 不太满意　3. 一般　4. 比较满意√　5. 非常满意　4

B3 您觉得学校食堂伙食的价格：

1. 非常贵　2. 比较贵　3. 一般　4. 比较便宜√　5. 非常便宜　　　4

　　可以注意到的是 B1，B2，B3 这 3 题实际上是以李克特量表的形式呈现了问题和答案。这 3 个问题的答案呈现出了一种递进的关系，如果用数字表示，可以非常明显地看出这种递进关系：数值越大，则表示对食堂伙食味道和就餐环境的满意度越高，觉得伙食的价格越便宜。这也是李克特量表的一个优势，通过编码，可以将原来只能进行排序的定序变量转变成可以进行加减的定距变量，提高了变量的层次，使后期可以采用更多的统计方法对这些题的答案进行分析。

　　在问卷中，还有一类问题包含户籍所在地、所在学院、专业等内容，由于这类问题的答案选项比较多，如果是纸质版问卷，往往难以在问卷中呈现出所有的答案，针对这类题目往往采用主观题的形式，让答题者直接在问卷中写出答案，如"您所在的学院是_____"。对于这类问题，在问卷回收后同样需要编码，确定每一个答案对应的数字（如"1=人文学院，2= 法学院，3= 经管学院，4= 理学院，5= 建工学院，6= 艺术学院，7= 医学院，8=……"）。在编码的过程中，可以根据答案选项的排序逻辑进行编码，如上例中，人文社科类的学院可以排在前面，理工科类的学院排在后面。如果是户籍所在地，则可以根据各个省的地理位置，或是拼音首字母的顺序进行排序等。如果类似的问题很多，则很有必要制订一个编码手册，先在编码手册上明确每个题目的每个选项所对应的数字编号，再让编码员或是数据录入员根据编码进行数据录入。

　　虽然录入 SPSS 软件的主要是数字，但是各个数字所对应的选项的内容在软件中也是可以清晰看到的，这就需要将每个数字所对应的文字内容录入软件。录入的方法可以详见本章第一节第二部分"SPSS 的数据录入、编辑和保存"，其中关于"'值'的设置"就是将数字与文字内容对应起来的过程。

二、反向赋值题的重新编码

在将问卷数据全部录入软件后,我们还经常需要对原始数据进行重新分组。比较常见的两种情况是:对反向赋值题重新进行计分,或是将一个连续变量的数值重新分为几个等级。第一种情况我们将在本节进行详细介绍,第二种情况将在下一节"数据的排序与重新分组"中进行介绍。

如本章第二节所述,为了打破"答题者惯性",有时候我们需要在题项中放入一些反向赋值题,这些题目的答案在选项的赋值或编码上,与正向赋值题正好相反。假如现在需要用一份李克特量表(见表6-3)来测量某市第一技师学院公共英语课的教学效果,那么表6-3中的第3题(Q3),就是反向赋值题。如果将5个选项编码为"1=很不同意,2=不同意,3=不好说,4=同意,5=非常同意",那么对于第1、2、4、5题来说,得分越高,则说明教学效果越好。但是对于第3题来说,是相反的,得分越高,则说明教学效果越差,因此第3题是一个反向赋值题。如果我们需要将量表中的各题得分加总,来计算总的教学效果,那么就需要在全部数据录入完成后,将第3题重新进行编码。将其重新编码为"5=很不同意,4=不同意,3=不好说,2=同意,1=非常同意",这样就和其他4个题一致了,即得分越高说明教学效果越好。

表6-3 ×市第一技师学院公共英语课教学效果测量量表

题项	1 很不同意	2 不同意	3 不好说	4 同意	5 非常同意
Q1.我能听懂老师上课的主要内容					
Q2.我觉得老师课程生动有趣					
Q3.上课时,我总是无法集中精神					
Q4.我觉得课堂气氛总是很活跃					
Q5.我可以独立完成课后作业					

注:请根据您的真实感受在相应的选项下打"√"。

假设我们已经将表 6–3 的量表进行了发放和回收，并将调查结果录入了 SPSS（见图 6–17）。

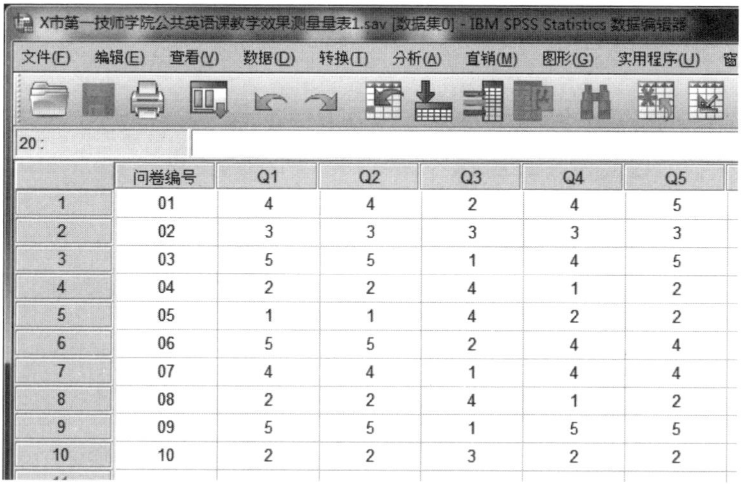

	问卷编号	Q1	Q2	Q3	Q4	Q5
1	01	4	4	2	4	5
2	02	3	3	3	3	3
3	03	5	5	1	4	5
4	04	2	2	4	1	2
5	05	1	1	4	2	2
6	06	5	5	2	4	4
7	07	4	4	1	4	4
8	08	2	2	4	1	2
9	09	5	5	1	5	5
10	10	2	2	3	2	2

图 6–17　× 市第一技师学院公共英语课教学效果调查结果

如果现在需要对第 3 题（Q3）的结果进行重新编码，则在 SPSS 中的操作过程如下：

点击工具栏［转换（T）］→［重新编码为不同变量（R）］或者［重新编码为相同变量（S）］→自动开启重新编码对话框（见图 6–18）→将选中左边变量清单中的“Q3”变量，将其放入右边［数字变量→输出变量］下的方框中，此时，方框中会显示“Q3→？”→在最右边，［输出变量］的［名称（N）］下的方框中填上新变量的名称“Q3 反向赋值”，之后可以在［标签（L）］的方框中输入对这个新变量的说明，如“对 Q3 题的反向赋值变量”，然后点击［变化量（H）］，此时［输入变量→输出变量］下方框中的文字会自动变成“Q3→Q3 反向赋值”→点击［旧值和新值］→自动开启“重新编码：旧值和新值”对话框（见图 6–19）→在左边的［旧值］中输入原来的编码，如“5”→在右边的［新值］

中输入新的编码，如"1"（由于是反向赋值题，原来的编码和新编码的对应关系应该是：5→1，4→2，3→3，2→4，1→5）→点击［添加］→在添加完所有的新值和旧值后（见图6-19），点击［继续（C）］按钮→返回继续编码对话框后点击［确定］即可。

图6-18　"重新编码为不同变量（R）"对话框

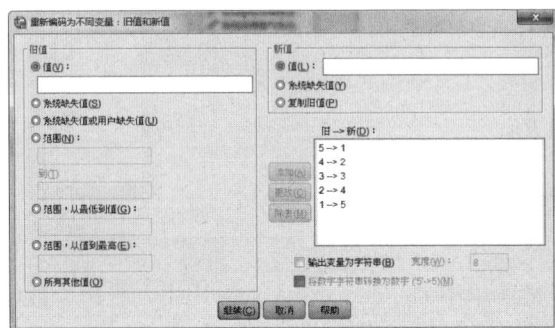

图6-19　"旧值和新值"对话框

注意：［重新编码为不同变量（R）］是在产生新编码变量（Q3反向赋值）的情况下，保留原有变量（Q3），而［重新编码为相同变量（S）］则是用新编码变量的值直接取代原有变量的值。

在完成全部操作后，如果之前选择了［重新编码为不同变量（R）］，则可以看到在原有数据中新增了一个变量"Q3反向赋值"（见图6-20），如果之前选择的是［重新编码为相同变量（S）］，则会发现原来的 Q3 变量已经被新的值所替代。在新变量产生后，可以打开变量视图界面，对新变量的类型、小数点位数等进行设定。

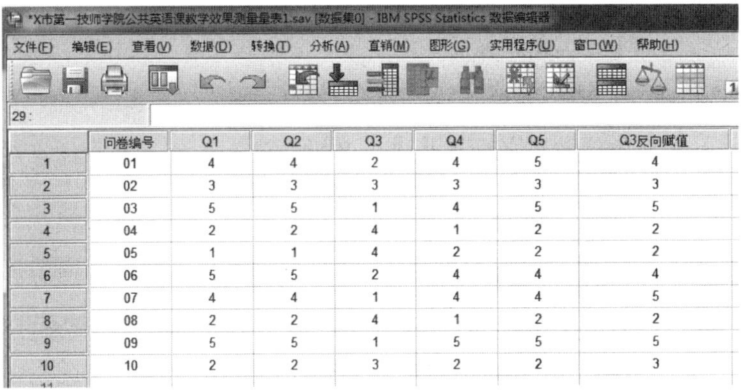

	问卷编号	Q1	Q2	Q3	Q4	Q5	Q3反向赋值
1	01	4	4	2	4	5	4
2	02	3	3	3	3	3	3
3	03	5	5	1	4	5	5
4	04	2	2	4	1	2	2
5	05	1	1	4	2	2	2
6	06	5	5	2	4	4	4
7	07	4	4	1	4	4	5
8	08	2	2	4	1	2	2
9	09	5	5	1	5	5	5
10	10	2	2	3	2	2	3

图 6–20　新增了“Q3 反向赋值”新变量

在图 6–20 中可以看到，“Q3 反向赋值”的值与 Q3 的值正好相反，即“Q3 反向赋值”变量所测量的方向就与其他 4 个问题所测量的方向一致了，即得分越高说明教学效果越好。需要注意的是，之后在对数据做各种统计分析的时候，也应该用反向赋值后的数据进行计算，这样才能得出正确的结论。

可能有些研究者认为，可以在数据录入的时候，直接将反向赋值题的编码反过来录入，这样就不需要在最后进行反向赋值题重新编码的操作了。但是由于整个量表中只有这一题的编码是相反的，如果直接反过来进行录入，就会非常容易导致数据录入员在数据录入过程中录错，而且会明显减慢问卷录入的速度。此外，如果是通过网络收集和录入数据的情况，也无法实现对某一题的单独反向录入。因此，最好的办法就是在按照量表统一的编码录入数据后，再在软件中单独对反向赋值题进行重新编码，这样又快，又不容易出错。

第四节　数据的排序与重新分组

对于不少连续变量（如大学生的考试成绩、人的身高与体重等），我们在将其录入 SPSS 后，希望能对这些数据进行排序及重新分组。如在将一个班级的成绩录入 SPSS 后，可能希望将所有学生的成绩按照从低到高来排列，以确定每个人的名次，此外，还希望将成绩按照 90—100 分、80—89 分、70—79 分、60—69 分及 0—59 分重新分组为优秀、良好、中等、及格和不及格 5 个组。其中，重新分组的内容同样需要用到上一节所学的"重新编码"的知识。

一、数据的排序

本部分仍然以"浙江××职业技术学院'学评教'统计数据"为例，假设要将学生按照期末平均成绩进行排序，具体操作程序如下：

点击工具栏［数据（D）］→［个案排序（O）］→自动开启"个案排序"对话框（见图 6-21）→选中左边变量清单中的"学生期末平均分"变量，将其放入右边［排序依据（S）］下的方框中→在［排序顺序］选项中选择［升序（A）］或［降序（D）］→点击［确定］即可。

注意：如果需要将排序后的数据另存为一个文件，则可以在选择完［排序顺序］后，继续选择下面的［保存排序后的数据］，并点击［文件（L）］按钮确定保存的路径和另存为文件的文件名即可。

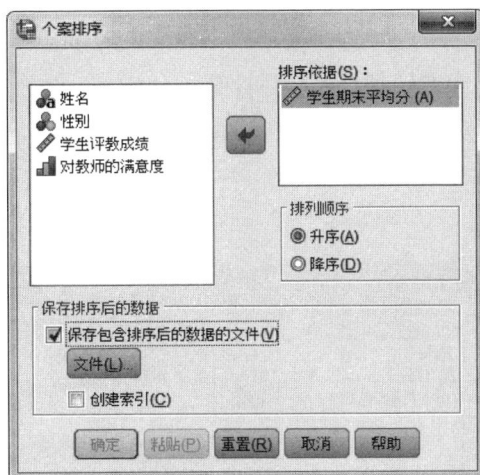

图 6-21 "个案排序"对话框

在完成操作后，数据就会按学生期末平均分重新进行排序，如图6-22
所示。

图 6-22 按学生期末平均分升序排列的名单

如果需要将整个数据文件依据多个变量进行排序，也同样可以在
SPSS 中实现。如现在需要将学生先按照期末平均分进行排序，在平均分
相等的情况下，再按照"学生评教分数"进行排序。那么就只要将"学

生评教分数"作为第二个排序依据选入[排序依据(S)]下的方框即可(见图6-23)。需要注意的是,作为排序依据的变量,位于上面的变量为第一排序依据,排在下面的变量为第二排序依据,不可以颠倒,否则会导致结果出错。

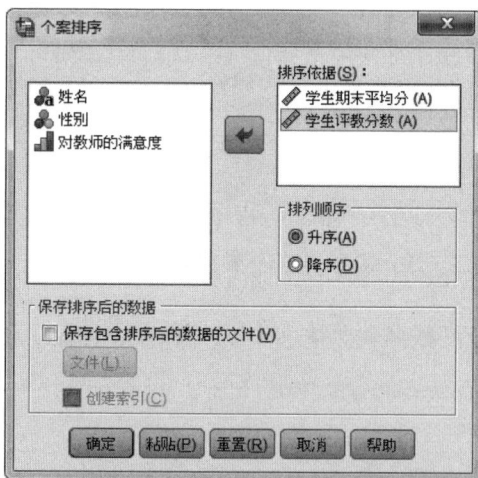

图6-23 有两个排序依据的情况

二、连续变量的重新分组

如果我们需要将一个连续的变量分为几个等级,比如按照家庭的年收入,将它们分为"高收入家庭""中等收入家庭""低收入家庭";又如按照学生的期末考试成绩,将他们分为"优秀""良好""中等""及格"和"不及格"。在这个过程中,实际上创造了一个新的变量("家庭收入等级""成绩等级"),也可以认为是对原有变量("家庭年收入""期末考试成绩")的重新编码。

接下来同样以"浙江××职业技术学院'学评教'统计数据"为例,来说明连续变量的重新分组过程。现在需要将原来学生的成绩重新编码为"优秀""良好""中等""及格"4个等级(由于此数据库中没有期末考试成绩在 60 分以下的学生，将"不及格"这个等级去掉）。4
个等级的判断标准为：优秀即 90—100 分，良好即 80—89 分，中等即
70—79 分，及格即 60—69 分。注意：第一，各个等级同样要用数字来
表示，如优秀为 1，良好为 2，中等为 3，及格为 4，不能直接用中文表
示；第二，各个等级的判断标准不能有重合的部分，否则无法进行正确
的分组。

具体操作如下：

点击工具栏［转换（T）］→［重新编码为不同变量（R）］或者［重
新编码为相同变量（S）］→自动开启重新编码对话框→选中左边变量
清单中的"学生期末平均分"变量，将其放入右边［输入变量→输出变
量］下的方框中→在最右边，［输出变量］的［名称（N）］中填上新
变量的名称"期末成绩等级"，然后点击［变化量（H）］，此时［数
字变量→输出变量］下方框中的文字会自动变成"学生期末平均分→期
末成绩等级"→点击［旧值和新值］→自动开启"重新编码：旧值和新值"
对话框中→在左边的［旧值］中选择［范围（N）］，并在下面输入各
个范围，如"90 到 100"→在右边的［新值］中输入新的编码，如"1"→
点击［添加］→在添加完所有的新值和旧值后（见图 6-24）点击［继续

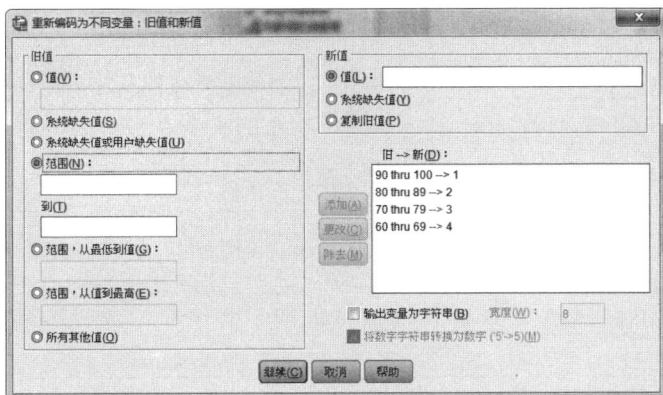

图 6-24　重新分组编码

（C）］按钮→返回继续编码对话框后点击［确定］即可。

如果选择了［重新编码为不同变量（R）］，则会出现一个新编码的变量"期末成绩等级"（见图 6-25）。之后可以在变量视图窗口对这个变量的具体信息进行修改，特别是在［值］选项中设定每个数字代表的意义：1= 优秀，2= 良好，3= 中等，4= 及格。这样在后期的数据处理和分析中会让结果的显示更加清楚。

	姓名	性别	学生评教分数	对教师的满意度	学生期末平均分	期末成绩等级
1	张三	1	90.0	5	95.50	1
2	李四	2	75.0	2	77.30	3
3	王五	2	80.0	3	82.00	2
4	赵二	1	95.0	5	95.80	1
5	王一	1	88.0	3	90.00	1
6	钱六	2	80.0	3	81.20	2
7	孙七	1	82.0	3	84.40	2
8	吴八	2	60.0	1	65.50	4

图 6-25　新产生的"期末成绩等级"变量

第七章

问卷质量检测

　　不少刚开始使用问卷调查方法的研究者，总是对问卷本身的质量不够关心。在根据研究需求确定好问卷的题目后，没有深入分析问卷的信度、效度和区分度问题。质量差的问卷即使收回了数据，结果也会受到人们的质疑。因此，本章会详细介绍检测问卷质量的 3 个最重要标准：信度、效度和区分度。同时，针对在问卷调查中令人困扰的被调查者说谎或乱填问卷的情况，提出一些提高问卷回答真实性的办法。

第一节　信度检验

一、信度（Reliability）的含义

信度是指使用相同的方法或技术重复测量同一个对象时能够得到相同研究结果的可能性。[①]关于信度较常用的例子就是称或者体重器，比如用一杆秤反复测量同一个苹果的重量：如果每次测出来的结果都相同，那么就说明这杆秤的信度很高；如果每次的结果都不一样，一会儿重一会儿轻，那我们当然有理由认为这杆秤是不准的，也就是缺乏信度的。对于问卷调查，如果用同一份问卷测量同一个群体，每次得出的结论是一致的，那么就可以认为这份问卷的信度比较高；反之则认为问卷的信度很低。需要注意的是，信度不等于准确度，比如用一杆秤称同一个苹果每次都是 50g，我们可以认为称的信度很高，但是可能这个苹果的真实重量只有 30g，这杆秤是坏的，每次都会重 20g 而已。信度体现的是一致性，准确性则需要靠效度来体现。

信度的类型主要有 3 类，分别是再测信度（Test Retest Reliability）、复本信度（Parallel Forms Reliability）和折半信度（Split Half Reliablity）。再测信度是指对同一个对象采用同一个测量方式，经多次测量后，测量结果的一致性程度。如用同一份问卷多次对同一个人群进行测量，多次

[①]艾尔·巴比：《社会研究方法》（第十版），华夏出版社2005年版，第137页。

测量得到的结果一致的程度。复本信度是指用两套以上的复本测量同一个对象后，测量结果的一致性程度。如考试中的 A 卷和 B 卷，用这两套卷子对同一个学生进行测量，学生所获得成绩的一致性程度。折半信度是指将原来的测量题项分成两组，分别进行测量，然后计算两个测量结果之间的一致性。如一套测量学生学习积极性的量表，共 30 个题，如果将这 30 题分成两个 15 题的量表，并分别对学生进行测量，那么之后得出的结果之间的一致性就是折半信度。对上述 3 种信度的测量，一般都是通过对所得测量结果的相关性分析来进行的，即通过相关系数（r）的大小来进行判断。

二、用 SPSS 做信度检验：α 一致性系数的计算

在对信度的理解中，要特别注意外部信度和内部信度的区别。前文中所指的信度实际上是外部信度，也就是在不同时间用同样的或类似的问卷或量表测量同一批对象后获得一致结果的可能性，可以被看作外部一致性。而统计学中对问卷的信度检验，是指内部信度，也就是这些题项是否在测量同一个对象。当用来表示信度的克隆巴赫系数（即 α 一致性系数）较高时，我们可以认为这几个题项测量的是同一个对象；反之则认为这些题目测量的不是同一个对象。如果无法正确区分内部信度和外部信度，则容易出现一种错误的操作：将整份问卷的所有题目都录入软件进行信度检验，最后得到了一个较低的 α 系数，并由此判断这份问卷的信度很低。所以大家可以思考一个问题：一份问卷中的不同题项测量的是不是同一个对象？答案是：在很多时候并不是。一份问卷可能测量了性别、年龄、籍贯、收入水平、满意度、同情心等多个对象，将整份问卷中的所有题都录入软件进行信度检验，自然是不合理的。因

此，信度检验一般只针对量表或某些特定的题项，因为量表往往测量的是同一个对象，如"员工工作积极性量表""政府信任度量表""本科生对食堂餐饮的满意度量表"，这些量表所测量的对象是唯一的，因此可以进行信度检验。当 α 系数较高时，我们可以认为这些指标之间具有较高的相关性（指标的一致性），测量的是同样的对象。如果 α 系数较低，则认为这些指标实际上测量的并不是同一个对象，因此有必要对量表进行修改。一般情况下，可以将 α 大于 0.8 看作信度高，α 大于等于 0.7 小于等于 0.8 看作信度可以接受，α 小于 0.7 则被认为信度较低。

下面具体说明用 SPSS 做信度检验的操作过程[①]：

点击工具栏［分析（A）］→点击［标度（A）］→点击［可靠性分析（R）］，开启"可靠性分析"对话框→将左边变量清单中需要测量信度的量表题目全部选中，再放入右边［项（I）］下的方框中→在下方［模型（M）］选项的下拉菜单中选择［Alpha］选项（见图7-1）→点击右上方［统计（S）］，开启"可靠性分析：统计"次对话框窗口→在［描述］部分的方框中勾选［删除项后的标度（A）］选项（见图7-2）→点击［继续］，返回［可靠性分析］对话框→点击［确定］即可。

备注：可靠性分析 R（Reliability Analysis）也可以被翻译成信度分析，但是由于本章所用的 SPSS 23.0 软件仍将 Reliability Analysis 翻译成可靠性分析，在操作过程中，我们仍采用可靠性分析进行说明，以保持图片和文字的一致。

①数据来源：浙江理工大学法政学院赵伟英同学2020年本科毕业论文《政务新媒体的使用对大学生政府信任的影响研究》调查数据。

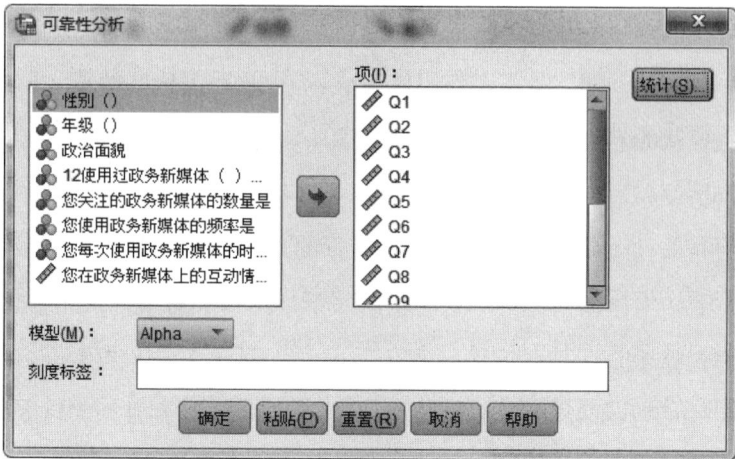

图 7-1　"可靠性分析"对话框

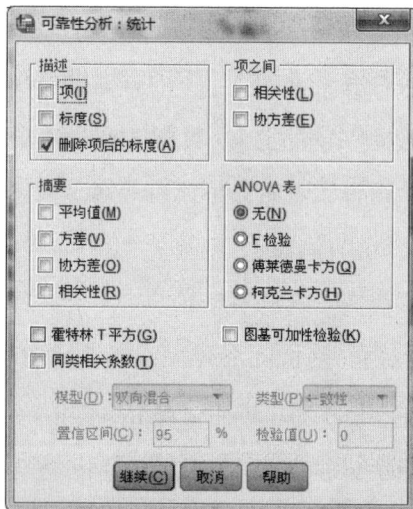

图 7-2　"可靠性分析：统计"对话框

在完成上述操作后，SPSS 输出结果如下：

表 7-1 为个案处理摘要，显示进行信度分析的样本量（个案数）是
129 个，被删除的样本量为 0，全部样本总计 129 个。

表 7-1　个案处理摘要

个案	个案数（个）	占比（%）
有效	129	100
排除 [a]	0	0
总计	129	100

注：a 为基于过程中所有变量的成列除。

表 7-2 为可靠性统计，左半部分显示的是量表的克隆巴赫系数，即 α 一致性系数，达到了 0.960。由于 α 大于 0.8，该量表就可以被看作高信度量表，分析结果说明该量表具有很高的内部一致性，是一份信度非常好的量表。右半部分显示的是量表的题目数量，也就是进行信度检验的题目数，共 16 道题。

表 7-2　可靠性统计

克隆巴赫 Alpha	项数
0.960	16

在操作过程中，如果勾选［删除选项后的标度（A）］选项，则 SPSS 会输出项目总计统计表（见表 7-3）。表 7-3 显示的是删除某个题目后的 α 系数。从表 7-3 中可以看到，除了 Q2 题以外，删除其他题目都会导致 α 系数下降，而 Q2 题被删除后，则可以使 α 系数从 0.960 上升到 0.962。在这种情况下，研究者需要考虑 Q2 题设计的合理性，并思考是否可以将其删除。因此，在进行信度检验时，非常有必要认真查看项目总计统计表的结果，因为该分析结果是研究员找到量表中不合适的题目的主要依据，是研究者对量表进行修改和调整的基础。

表 7-3 项目总计统计

题项	删除项后的标度平均值	删除项后的标度方差	修正后的项与总计相关性	删除项后的克隆巴赫 Alpha
Q1	55.97	52.046	0.801	0.957
Q2	56.13	51.756	0.592	0.962
Q3	56.11	50.207	0.757	0.958
Q4	56.01	51.586	0.767	0.957
Q5	56.12	50.094	0.837	0.956
Q6	56.16	51.226	0.731	0.958
Q7	56.02	51.109	0.842	0.956
Q8	55.98	51.937	0.779	0.957
Q9	55.94	52.434	0.754	0.958
Q10	55.95	51.739	0.843	0.956
Q11	55.89	53.473	0.739	0.958
Q12	56.00	51.844	0.779	0.957
Q13	56.11	50.410	0.776	0.957
Q14	56.03	51.999	0.803	0.957
Q15	56.05	51.154	0.816	0.957
Q16	56.17	51.439	0.689	0.959

除了上述 3 个最基础、也最重要的表格外，研究员还可以在"可靠性分析：统计"对话框勾选［项（I）］和［相关性（L）］选项（见图 7-3）。

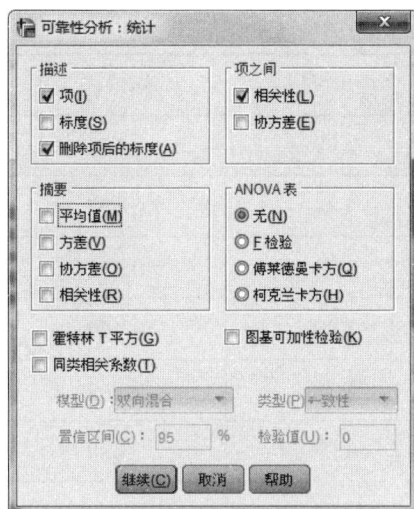

图 7-3 选择相关性分析

如果勾选了［项（I）］选项，则输出结果中会出现项目统计表格（见表 7-4），项目统计表可以清晰呈现每一个题项的调查结果的平均值、标准差及个案数。

表 7-4 项目统计

题项	平均值	标准差	个案数
Q1	3.81	0.531	129
Q2	3.64	0.727	129
Q3	3.67	0.722	129
Q4	3.77	0.593	129
Q5	3.65	0.669	129
Q6	3.62	0.652	129
Q7	3.76	0.583	129

题项	平均值	标准差	个案数
Q8	3.79	0.554	129
Q9	3.84	0.527	129
Q10	3.83	0.532	129
Q11	3.88	0.444	129
Q12	3.78	0.562	129
Q13	3.67	0.688	129
Q14	3.74	0.534	129
Q15	3.73	0.596	129
Q16	3.60	0.666	129

如果勾选了［相关性（L）］选项，则会输出"项目间相关矩阵"，该矩阵可以清楚呈现每个题项与其他题项的相关系数。如果有一个题项与其他题项的相关系数都很低，则同样可以说明该题项与其他题项的测量对象不一致，会拉低整份量表的信度，可以考虑删除。

三、提高问卷调查信度的办法

对于任何一次问卷调查来说，测量工具（通常是量表）的信度都非常重要，但是由于信度检验是在问卷调查的数据收集回来以后才可以进行的，如果在调查问卷回收后，发现测量工具无法通过信度检验，那就需要花费大量的时间重新对测量工具进行调整。有时候甚至会出现无论怎么调整，测量工具都通不过信度检验的情况。因此，最好的办法就是在问卷发放之前，尽可能地提高量表的质量，保证其可以顺利通过信度检验。常用的方法主要有以下几种。

（一）使用已有的量表

量表是一种非常实用的测量工具，不但能用于问卷调查，也能用于实验法、观察法等研究方法，目前在各个领域都已经存在大量高质量的成熟量表。有些量表多年来经过许多学者反复检验、修改和使用，已经成为经典，如心理学中的大五人格量表、比奈－西蒙智力测量量表、政治学中的意识形态倾向测量量表等。这些经典量表大多数可以在已经发表的中英文论文中找到原文，其中有一些国外的经典量表在经过中国学者的修正后，也完全适用于中国的国情。此外，也有一些学者对经典量表进行了整理以方便大家查找，如苗青等学者整理翻译了最近20年管理学类顶级期刊上的1144个量表，并将其中质量较高的242个量表整理编著成《人力资源管理研究与实践前沿量表手册》。[①]成熟的量表往往经过多次信度检验，直接使用成熟量表可以大大降低信度检验通不过的风险。

（二）进行预调查

对于样本量大、调查成本高的问卷调查，最好能在正式调查前进行预调查。先从计划样本中选择一小部分样本进行调查，然后用预调查获得的数据对量表的信度和效度进行检验，及时发现量表存在的问题，并根据检验结果及时对相应问题和选项进行修改。预调查可以有效避免整个调查"全盘皆输"，做到及时发现问题，及时修改，及时止损。如果

[①] 苗青、陈思静、宫准等：《人力资源管理研究与实践（前沿变量手册）》，浙江大学出版社2015年版。

第一次预调查的结果非常糟糕，信效度检验都无法通过，那么在对量表进行修改后，还可以进行第二次预调查，直到量表的质量得到保证后再进行正式调查。

（三）适当扩大初始量表的题量

如果使用的是自己设计的新量表，同时不方便进行预调查，那么可以适当扩大初始量表的题量，这样会更有利于后期对量表题项进行删减，留下质量最好的题项。此外，一般情况下，信度往往和题项的数量成正比，题项较多的量表往往更容易得到较高的 α 系数，题项较少的量表则 α 系数相对较低，因此如果量表的题项数量较少，也可以适当降低对量表的信度要求。需要注意的是，量表题项的设置要根据调查目的进行合理设置，不能为了提高 α 系数而刻意设置大量同义反复的题项，因为题量过大会使答题者失去答题耐心，从而降低答题质量，这同样会影响量表的信度检验结果。

第二节　效度检验

一、效度的含义

效度是指实证测量在多大程度上反映了概念的真实含义[1]，也就是是否真的测量出了我们想要测量的内容。如我们希望通过某些问题测量一个人是否有同情心，那么这些问题能够测量出"同情心"的程度，就是效度。比如，询问"您是否曾经帮助弱势群体"，或者"您是否为需要帮助的人捐过款"，会比问"您是否和人打过架"更能测出一个人具有"同情心"的程度。

对效度的测量标准有很多种：第一种是表面效度。表面效度是以测量标准与我们的共识或日常的判断是否一致来判断的。如"为需要帮助的人捐款"与我们平时所认为的"具有同情心"是一致的，而"殴打老人"或"抢小朋友的零花钱"则明显不是具有同情心的表现。第二种是实用效度。由于有些概念是已经在学术界形成共识的，所以对这些概念的测量必须符合学术共识。如"失业率"在经济学上有非常明确的计算标准，那么对于这个指标的测量也必须符合经济学对这一概念的定义。第三种是内容效度，用来衡量测量是否包含了概念的所有方面。因为有很多概念都包含了多个方面，如"公民对政府的信任"实际上包含了公民对政

---

[1] 艾尔·巴比：《社会研究方法》（第十版），华夏出版社2005年版，第140页。

府机关的信任、对公务员的信任、对政治体制的信任等。又如"歧视"，可以包含性别歧视、种族歧视、地区歧视等。如果对"歧视"这个概念的测量只包含了对性别歧视的测量，那么内容效度就不够高，因为其他和"歧视"有关的内容没有被测量，这个测量是不够全面的。第四种是建构效度，其构建的基础是根据某种理论体系建立的变量之间的逻辑关系。我们在SPSS中用因子分析的方法检验的就是建构效度，即检验我们所设计的测量工具（如量表）是否能有效体现研究者自己建构出来的理论体系。除了以上4种标准外，还有标准关联效度等。

我们还需要注意区分内部效度和外部效度，内部效度就是前面所说的，用于检验测量工具能否正确解释想要解释的变量或概念。而外部效度则是指研究结果的可推广性，也就是这种测量工具所获得的研究发现，是否可以被推广到更大的范围内进行解释。如实验室实验这种研究方法，我们就认为它存在外部效度低的情况，因为在实验室这种受到严格控制的环境下得到的结论，未必能够用于解释更广阔的真实世界。

二、用 SPSS 做效度检验：因子分析

在 SPSS 中，主要通过因子分析（也称因素分析）来测量量表的建构效度，其中主成分分析法（Principal Component Analysis）是最常用的计算因子负荷的方法。要注意的是，进行因子分析需要满足一系列条件，如下文提到的 KMO 值必须大于 0.06，样本数最好能达到题项数的 5 倍以上，等等。

因子分析的具体操作流程如下：

点击工具栏［分析（A）］→点击［降维（D）］→点击［因子（F）］，开启"因子分析"对话框→将左边变量清单中的量表题项全部选中，将

其放入右边［项变量（V）］下的方框中（见图7-4）→点击右边［描述（D）］按钮，启动"因子分析：描述"对话框（见图7-5）→在［相关性矩阵］部分的方框中勾选［KMO和巴特利特球形度检验］选项，点击［继续］，返回"因子分析"对话框窗口→点击［提取（E）］按钮，开启"因子分析：提取"对话框窗口（见图7-6）→系统默认的因子分析［方法（M）］即为主成分分析法，且默认为保留特征值大于1的因子，可以在［输出］部分的方框中勾选［碎石图］选项→点击［继续］，返回［因子分析］对话框→点击［选项（O）］按钮，开启"因子分析：选项"对话框窗口（见图7-7），勾选［系数显示格式］下的［按大小排序（S）］和［排除小系数（U）］选项→点击［继续］，返回"因子分析"对话框→点击［确定］即可。

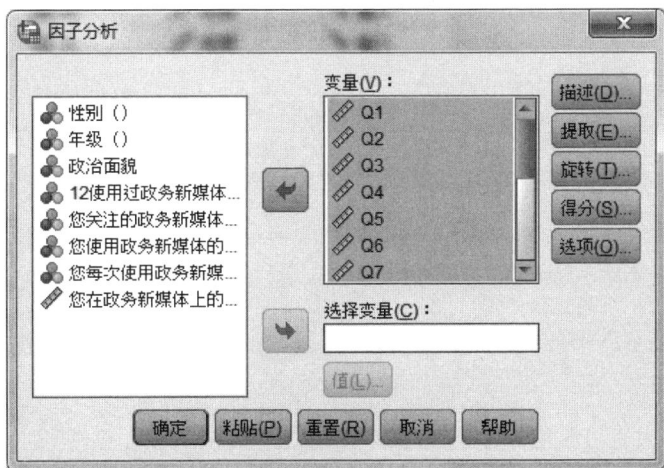

图7-4 "因子分析"对话框

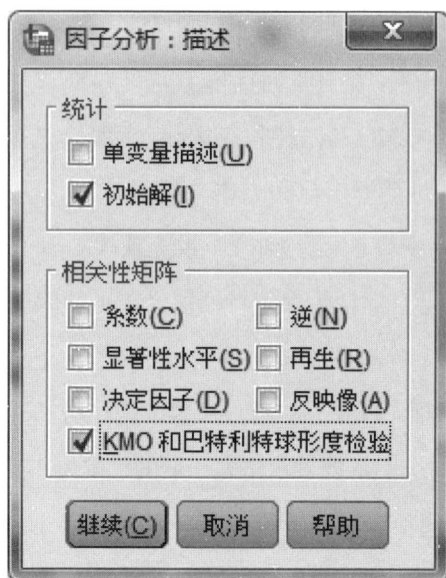

图7-5　"因子分析：描述"对话框

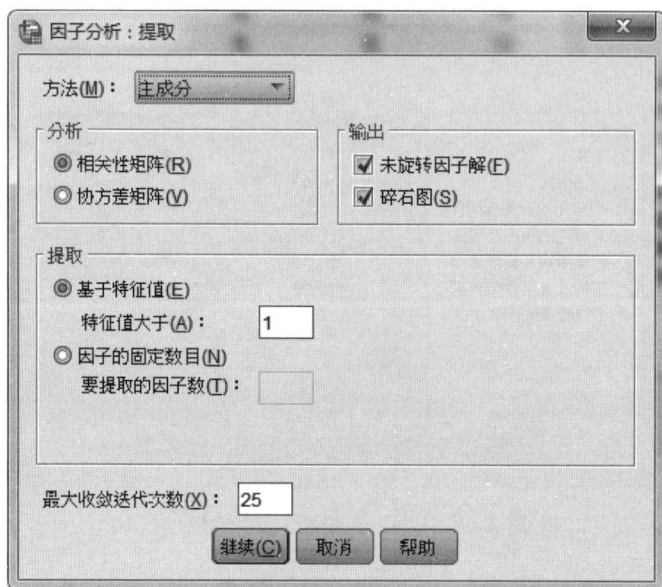

图7-6　"因子分析：提取"对话框

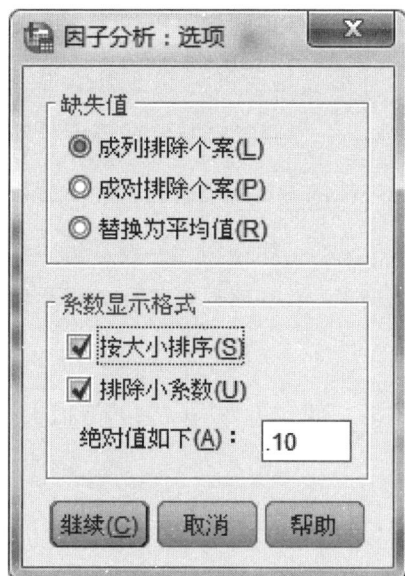

图 7-7 "因子分析：选项"对话框

完成上述操作后，SPSS 的输出结果如下：

表 7-5 显示的 KMO 和巴特利特球形度检验的结果，直接决定了这些题项是否适合做因子分析，即是否满足做因子分析的条件。KMO 值是一个介于 0 和 1 之间的值，KMO 值越大，说明变量间的共同因素越多，越适合进行因子分析。根据 KMO 值的提出者 Kaiser 的观点，如果 KMO 值小于 0.5，则不适合进行因子分析；进行因子分析的 KMO 值的普通标准应该达到 0.6；如果 KMO 值达到 0.8 以上，则说明很适合做因子分析。从表 7-5 中可以看到，量表的 KMO 值达到了 0.928，可以进行因子分析。

表 7-5 KMO 和巴特利特球形度检验

KMO 取样适切性量数		0.928
巴特利特球形度检验	近似卡方	2031.489
	自由度	120
	显著性	0.000

巴特利特球形度检验的结果同样可以作为量表能否进行因子分析的标准。表 7-5 显示，球形度检验的近似卡方值为 2031.489，自由度为 120，达到 0.05 显著水平。按照巴特利特球形度检验的标准，如果显著性概率值 p<0.05，则可以认为变量适合进行因子分析。

表 7-6 为公因子方差表，在采用主成分分析法提取共同因素时，初始的共同性估计值都为 1。第三列为主成分分析法提取主成分后的共同性，共同性的高低可以作为筛选题项是否合适的标准之一。较为普遍的标准是，如果该题项的共同性（最后一列的数值）小于 0.2，那么应该考虑将该题项删除。

表 7-6　公因子方差

题项	初始	提取
Q1	1.000	0.685
Q2	1.000	0.398
Q3	1.000	0.649
Q4	1.000	0.771
Q5	1.000	0.778
Q6	1.000	0.809
Q7	1.000	0.759
Q8	1.000	0.664
Q9	1.000	0.870
Q10	1.000	0.882
Q11	1.000	0.810
Q12	1.000	0.661
Q13	1.000	0.685
Q14	1.000	0.702
Q15	1.000	0.738
Q16	1.000	0.675

注：提取方法为主成分分析法。

表 7-7 为总方差解释表，第一部分为"成分"，第二部分是"初始特征值"，"初始特征值"中的"总计"显示的是每一个主要成分的特征值，特征值越大表示该主成分在解释 16 个题项（变量）的变异量时越重要，可以看到第一个成分的特征值达到了 10.318。从第三部分"提取载荷平方和"可以看到，通过主成分分析法，最终提取出两个主成分，这两个主成分已经能够解释变异量的 72.103%。

表 7-7　总方差解释

成分	初始特征值			提取载荷平方和		
	总计	方差百分比（%）	累积百分比（%）	总计	方差百分比（%）	累积百分比（%）
1	10.318	64.488	64.488	10.318	64.488	64.488
2	1.218	7.615	72.103	1.218	7.615	72.103
3	0.860	5.375	77.478			
4	0.633	3.955	81.433			
5	0.518	3.240	84.673			
6	0.422	2.638	87.311			
7	0.366	2.287	89.598			
8	0.323	2.016	91.614			
9	0.272	1.700	93.314			
10	0.258	1.611	94.925			
11	0.199	1.241	96.166			
12	0.164	1.025	97.191			
13	0.148	0.926	98.116			
14	0.119	0.745	98.861			
15	0.107	0.667	99.528			
16	0.075	0.472	100.000			

注：提取方法为主成分分析法。

我们同样可以通过碎石图来判断可以提取的因子（成分）数量，判断标准为图中的坡线从陡忽然走向平缓时的因子编号（横坐标）。在图 7-8 中，当因子数量为 2 时，陡坡线忽然变得平滑，由此可以判断提取两个公因子最合适。在此需要特别说明因子（即成分）的意义，简单来说，可以将因子的数量看作维度，即对于一个量表来说，量表中的所有题项可以被分为几个维度（方面）。如果因子数量为 2，则说明量表中题项是在测量概念的两个方面；如果是 3，则说明量表测量了该概念的 3 个方面。如前文所提的"歧视量表"，如果该量表提取的因子数量为 3，则可以认为这个量表测量了"歧视"的 3 个维度。

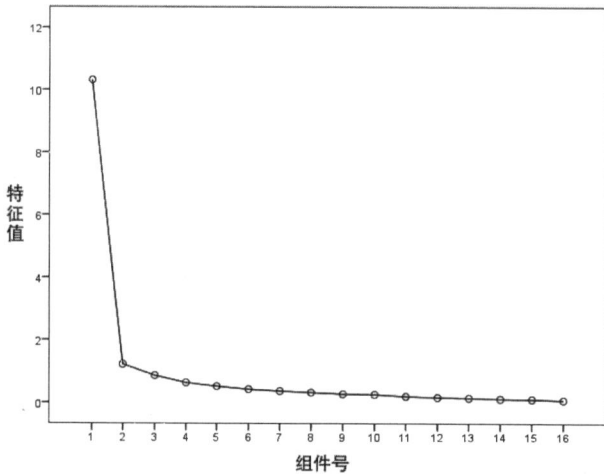

图 7-8　碎石图

表 7-8 为成分矩阵表，显示了每个题项的因子负荷（因子负荷小于 0.1 的数据已经删除）。因子负荷类似于回归分析中的回归系数，因子负荷数值越大说明该题项与公因子之间的关联就越强，越应该被归入这个公因子之下。这个步骤非常关键，因为通过成分矩阵表可以知道每个公因子（维度）包含了哪些题目，然后根据这些题项总结归纳这个公因

子测量的是某个概念的哪个维度，并据此对这个维度进行命名。

表 7-8　成分矩阵 [a]

题项	成分	
	1	2
Q10	0.878	−0.332
Q7	0.871	
Q5	0.854	0.222
Q15	0.844	0.160
Q14	0.836	
Q1	0.825	
Q8	0.813	
Q12	0.812	
Q4	0.806	−0.349
Q13	0.805	0.192
Q9	0.800	−0.479
Q11	0.788	−0.435
Q3	0.779	0.204
Q6	0.753	0.492
Q16	0.718	0.399
Q2	0.628	

注：提取方法为主成分分析法，a 指提取了两个成分。

由于表 7-8 是来自现实中问卷调查的真实数据，其因子分析的结果并不算特别完美，虽然通过主成分分析法提取出了两个公因子，但是从表中可以看到，16 个题项都是在第一个公因子下的因子负荷值最大，而在第二个公因子下的因子负荷值显得较为混乱。此时，研究者可以通过其他因子分析方法，如经过转轴后获得新的成分矩阵，看是否能得到更清晰的维度分布。[①]

由于上面的数据分析来自现实中真实的调查结果，虽然在结果的呈现上较为真实，但却不是最理想的状态，这可能和问卷设计得不够完善有关。

下面我们直接来看一个较为完美的因子分析结果（见实例 7-1）。

实例 7-1："××大学思想政治课教学效果感知量表"（见表 7-9）

表 7-9　××大学思想政治课教学效果感知量表

请根据你的真实感觉在对应的方框中打√：

题项	同意	一般	不同意
Q1 课堂氛围轻松活泼	□	□	□
Q2 课堂教学内容难度适中	□	□	□
Q3 课后问老师的问题能得到及时回答	□	□	□
Q4 老师教学过程生动有趣	□	□	□
Q5 课后作业的数量适当	□	□	□
Q6 课后作业内容丰富	□	□	□

对上思想政治课程的 300 名学生进行问卷调查后，对收回的数据进行因子分析，然后获得了如表 7-10 所示的成分矩阵。

从表 7-10 中的结果可以清晰看到，总共提取出了 3 个公因子，其中 Q1 和 Q4 在第一个公因子下的因子负荷值最大，而在其他两个公因子下的因子负荷值明显很小。Q3，Q5，Q6 在第二个公因子下的因子负荷值最大，Q2 在第三个公因子下的因子负荷值最大。因此，我们可以据此将 6 个题分为 3 个维度，认为这 6 个题项实际上测量了学生对思想政治课教学效果感知的 3 个方面。这时我们可以仔细阅读这 6 个题项，找到这些题项之间的共性，并将其进行归纳，给每一个维度取一个合适的名称。如将 Q1

[①]更深入的因子分析方法可以查看专门的 SPSS 操作丛书，如吴明隆的《问卷统计分析实务——SPSS 操作与应用》。

和 Q4 测量的维度命名为"课堂效果感知"，将 Q3，Q5，Q6 测量的维度命名为"课后内容感知"，将 Q2 测量的维度命名为"教学难度感知"。

表 7-10　成分矩阵

题项	成分		
	1	2	3
Q1	0.889	0.075	0.001
Q4	0.877	0.077	0.013
Q3	0.188	0.945	0.115
Q5	0.169	0.930	0.077
Q6	0.339	0.655	0.201
Q2	0.127	0.058	0.902

三、信度和效度的选择

对于任何一种研究方法或测量方法来说，我们都希望能同时实现高信度和高效度，因为似乎只有同时具有信度和效度的测量才能得出最精确、最全面的结论。但现实是，信度和效度之间存在一定的矛盾，具有高信度的测量往往无法实现高效度，而具有高效度的研究方法也无法实现高信度。如问卷调查方法，经常具有较高的信度，但是效度却不佳，因为问卷调查虽然能用量表的形式对一些概念进行标准化的测量，但是由于很多概念都包含着非常丰富的内容，而在问卷设计的概念化和操作化的过程中往往将概念简单化，牺牲了概念的部分内容，使效度受损。又如访谈法，因为深入、详细的调查过程而具有较高的效度，但是信度却不高。总体上，对信度和效度的关注不同，导致了两种不同的研究取向：定量研究和定性研究。重视结构化、通则化、技术性的定量研究方法具有更高的信度，而重视深度性、全面性和表意式的定性研究方法则具有更好的效度。因此到底是选择信度还是效度，这是社会科学研究者不得不面临的难题。

第三节　区分度检验

一、区分度的含义

在完成信度和效度的检验后，我们也要考虑问卷能否对调查对象进行有效区分的问题。区分度可以理解为测量工具将调查对象进行区分的能力。如果一个老师出了期末考试卷，之后发现所有答题的同学都不及格，或是所有的同学都考了 90 分以上，那么我们可以认为这份期末考试卷不具有很好的区分度，因为它没有对学生进行区分，也无法反映出学生在学习结果上的差异。同样，如果在问卷调查中，所有被调查者的答案都非常接近，那么我们也可以认为这份问卷是缺乏区分度的，因为它无法对调查对象进行有效区分。

二、用 SPSS 做区分度检验：鉴别度与临界比值法

鉴别度是指量表测量结果的高分组和低分组的差异值，用 D 值表示，一般认为 D 值在 0.3 以上，则问卷具有较好的区分度。

临界比值法（Critical Ration）又称为极端值法，是最常用的鉴定量表区分度的方法。它通过比较高分组和低分组之间的差异，来判断量表是否具有区分度。临界比值法的操作逻辑非常简单，主要包括以下 7 个步骤。

第一，对量表数据进行整理，如对反向计分题重新进行编码。

第二，求出量表的总分。

第三，将量表从高分到低分（或低分到高分）进行排序。

第四，找到高低分组上下 27% 处的分数（临界值）。

第五，按临界值将量表分为高分组和低分组，并对高分组和低分组重新编码。

第六，用独立样本 T 检验的方法比较高低分组在每个题项上的差异。

第七，删除 T 检验结果不显著的题项。

接下来我们按照上述步骤对临界比值法的操作过程进行具体介绍，由于量表数据的整理我们已经在第六章中详细介绍，在本章不再重复。

（一）求出量表总分

在 SPSS 中求量表总分的具体步骤如下：

点击工具栏［转换（T）］→点击［计算变量（C）］，开启［计算变量］对话框窗口→在左边［目标变量（T）］下的方框中输入新变量的名称"量表加总"→在右边［数字表达式（E）］下的方框中输入量表中全部 16 个题项的加总公式："sum（Q1 to Q16）"（见图 7-9）→点击［确定］即可。

备注：在"计算变量"对话框中，也可以从左边的变量列表中选择变量，从下面的方格中选择数字运算符号，直接在［数字表达式（E）］下面的方框列出运算的公式（见图 7-10），点击［确定］后同样能进行计算。在点击［类型与标签（L）］按钮，打开对话框后，可以选择［将表达式用做标签(U)]，这样就可以将表达式作为新变量的标签进行保存，方便后期对新变量的产生过程进行回顾和查看。

图 7-9　计算新的变量

图 7-10　直接用数字表达式计算新变量

在完成以上操作后，数据库中会出现一个新变量"量表加总"，该变量为整个量表所有题项的加总得分。

（二）按量表总分排序并确定临界值

为了找到得分最高的组和得分最低的组，需要先将所有样本按照量表的总分重新进行排序，然后界定临界值。具体操作如下：

点击工具栏［数据（D）］→点击［个案排序（O）］，开启"个案排序"对话框→将左边变量清单中的目标变量"量表加总"选入右边［排序依据（S）］下的方框中，在下方［排列顺序］方框中选取［升序（A）］选项（见图7-11）→点击［确定］即可。

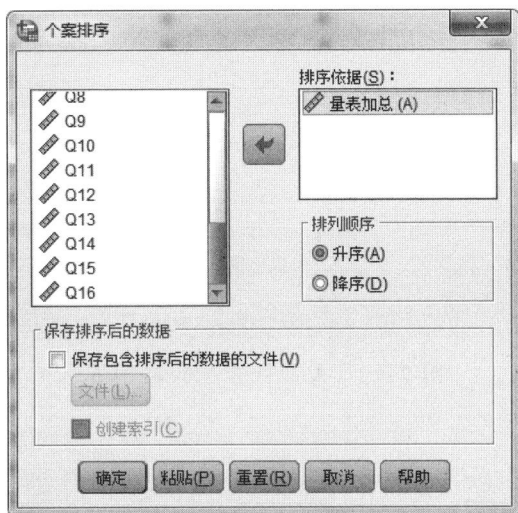

图7-11　对个案进行排序

有效样本数的前27%为低分组，低分组的临界值为第35（样本总量为129个，$129 \times 0.27 \approx 35$）个样本的量表总分（60）（见图7-12）。

点击工具栏［数据（D）］→点击［个案排序（O）］，开启"个案排序"对话框→将左边变量清单中的目标变量"量表加总"选入右边［排序依据（S）］下的方框中，在下方［排序顺序］方框中选取［降序（D）］选项→点击［确定］即可。

此时，样本数的前27%为高分组，高分组的临界值同样为第35个样本的量表总分（64）（见图7-13）。

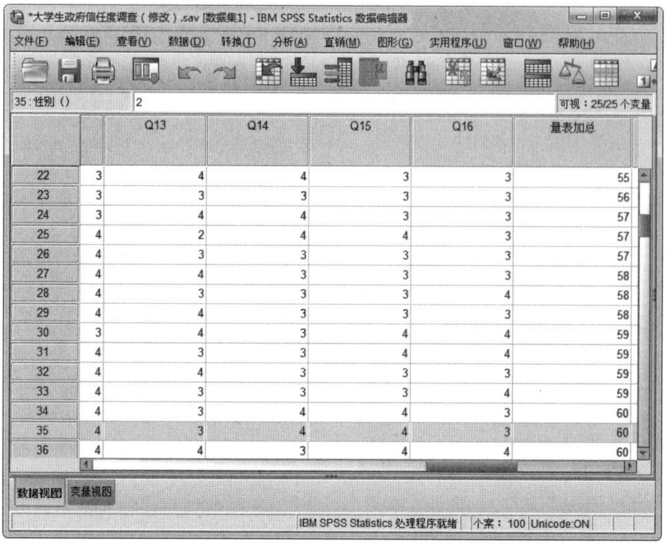

图 7-12　查看低分组的临界值

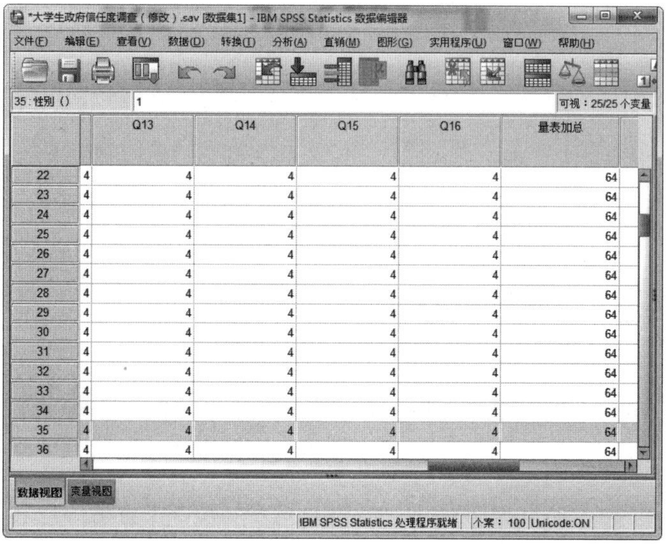

图 7-13　查看高分组的临界值

（三）建立高低分组并重新编码

接下来需要新增高、低组别变量，把高分组和低分组重新进行编码。此时，低分组的范围为从量表总分的最低分17分到低分组临界值60分，高分组的范围为从高分组临界值64分到最高分70分。具体操作如下：

点击工具栏［转换（T）］→［重新编码为不同变量（R）］，开启重新编码对话框→选中左边变量清单中的"量表加总"变量，将其放入右边［数字变量→输出变量］下的方框中→在最右边，［输出变量］的［名称（N）］中填上新变量的名称"高低分组"，然后点击［变化量（H）］，此时［数字变量→输出变量］下方框中的文字自动变成"量表加总→高低分组"（见图7-14）→点击［旧值和新值］→自动开启"重新编码：旧值和新值"对话框→在左边的［旧值］中选择［范围：从最低到值（G）］，并在下面的方框内输入低分组临界值60，在右边的［新值］方框的［值］右边方框中输入1，点击［添加］→在［旧值］中选择［范围：从值到最高（E）］，并在下面的方框内输入高分组临界值64，然后在［新值］方框的［值］右边方框中输入2，点击［添加］，显示见图7-15，再点击［继续（C）］按钮→返回继续编码对话框后点击［确定］即可。

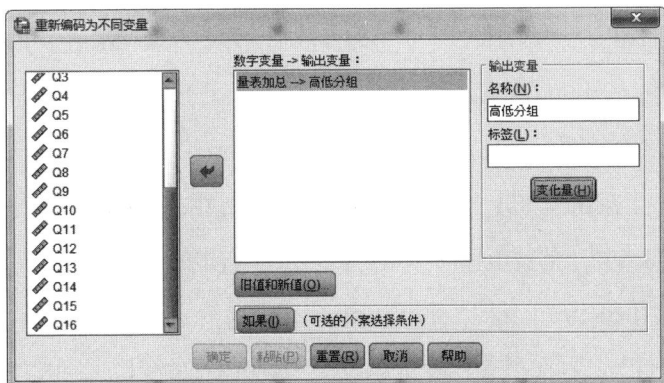

图7-14　高分组和低分组重新编码

图 7-15　旧值和新值的设定

完成以上操作后，数据库中会出现一个新的变量"高低分组"，在该变量中，低分组的值都为1，而高分组的值都为2。

（四）独立样本 T 检验和题项评估

接下来就是对高分组（组2）和低分组（组1）进行比较，看这两个组的样本在16个题项的回答上是否存在显著差异（独立样本 T 检验的内在原理和逻辑可见第九章）。具体操作如下：

点击工具栏［分析（T）］→［比较平均值（M）］→［独立样本 T 检验（T）］，开启"独立样本 T 检验"对话框→选中左边变量清单中的量表的16个题项变量，将其放入右边［检验变量（T）］下的方框中→选中左边变量清单中的"高低分组"变量，将其放入右边［分组变量（G）］下的方框中，此时［分组变量（G）］下的方框会出现"高低分组（？？）"选项（见图7-16）→点击［定义组（D）］按钮，开启"定义组"对话框，在［组1：］右边的方框中输入第1组（低分组）的数值编码1，在［组2：］右边的方框中输入第2组（高分组）的数值编码2（见图7-17），点击［继续］→返回"独立样本 T 检验"对话框，可以发现此时［分组变量（G）］下面方框中的变量已经由之前的"高低分组（？？）"变成了"高低分组（12）"→点击［确定］即可。

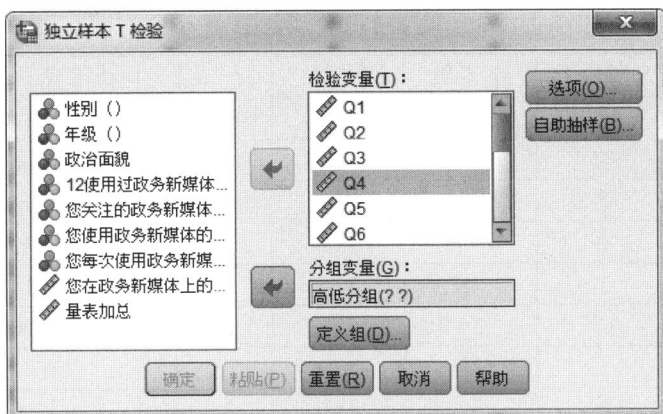

图 7-16 "独立样本 T 检验"对话框

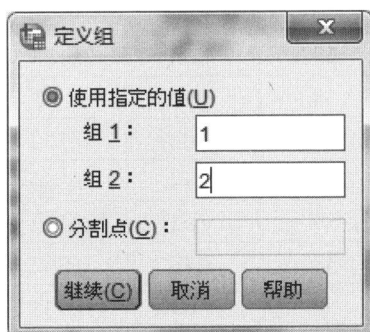

图 7-17 "定义组"对话框

完成以上操作后，SPSS 会输出组别统计表（见表 7-11）和独立样本 T 检验表（见表 7-12）。

表 7-11 组别统计

题项	高低分组	个案数	平均值	标准差	标准误差平均值
Q1	1	38	3.34	0.815	0.132
	2	59	4.00	0.000	0.000

题项	高低分组	个案数	平均值	标准差	标准误差平均值
Q2	1	38	3.16	0.916	0.149
	2	59	4.00	0.000	0.000
Q3	1	38	2.95	0.985	0.160
	2	59	4.00	0.000	0.000
Q4	1	38	3.34	0.909	0.147
	2	59	4.00	0.000	0.000
Q5	1	38	2.89	0.798	0.129
	2	59	4.00	0.000	0.000
Q6	1	38	2.92	0.749	0.122
	2	59	4.00	0.000	0.000
Q7	1	38	3.26	0.860	0.140
	2	59	4.03	0.183	0.024
Q8	1	38	3.32	0.842	0.137
	2	59	4.02	0.130	0.017
Q9	1	38	3.45	0.860	0.140
	2	59	4.02	0.130	0.017
Q10	1	38	3.45	0.860	0.140
	2	59	4.03	0.183	0.024
Q11	1	38	3.61	0.755	0.122
	2	59	4.07	0.254	0.033
Q12	1	38	3.32	0.842	0.137
	2	59	4.14	0.345	0.045
Q13	1	38	2.97	0.915	0.148
	2	59	4.15	0.363	0.047
Q14	1	38	3.18	0.692	0.112
	2	59	4.12	0.326	0.042
Q15	1	38	3.13	0.811	0.132
	2	59	4.19	0.393	0.051
Q16	1	38	3.00	0.805	0.131
	2	59	4.14	0.345	0.045

从组别统计表中可以清晰看到每个问题高分组和低分组的个案数（即样本数）、平均值和标准差。需要说明的是，可以发现不论是高分组，还是低分组，个案数并不是开始所设定的 35 个（样本总量的 27%），而是 38 和 59。原因是不少样本的"量表加总"和临界值一样。如我们通过排序发现，高分组排名第 35 名的样本的量表总分为 64 分，因此将 64 分设为高分组的临界值，但是在样本中量表总分为 64 分的有 25 个样本，因此在之后的分组中这些样本也都被归入了高分组。同样，量表总分为 60 分（低分组临界值）的样本也有 4 个，都被归入了低分组。这在临界比值法的操作过程中是比较常见的情况。

表 7-12　独立样本 T 检验

题项		莱文方差等同性检验		平均值等同性 T 检验						
		F	显著性	T	自由度	显著性（双尾）	平均值差值	标准误差差值	差值 95% 置信区间	
									下限	上限
Q1	假定等方差	260.289	0.000	−6.222	95.000	0.000	−0.658	0.106	−0.868	−0.448
	不假定等方差			−4.979	37.000	0.000	−0.658	0.132	−0.926	−0.390
Q2	假定等方差	131.496	0.000	−7.081	95.000	0.000	−0.842	0.119	−1.078	−0.606
	不假定等方差			−5.666	37.000	0.000	−0.842	0.149	−1.143	−0.541
Q3	假定等方差	90.331	0.000	−8.233	95.000	0.000	−1.053	0.128	−1.306	−0.799
	不假定等方差			−6.588	37.000	0.000	−1.053	0.160	−1.376	−0.729
Q4	假定等方差	215.882	0.000	−5.577	95.000	0.000	−0.658	0.118	−0.892	−0.424
	不假定等方差			−4.463	37.000	0.000	−0.658	0.147	−0.957	−0.359
Q5	假定等方差	92.292	0.000	−10.666	95.000	0.000	−1.105	0.104	−1.311	−0.900
	不假定等方差			−8.535	37.000	0.000	−1.105	0.129	−1.368	−0.843

续　表

题项		莱文方差等同性检验		平均值等同性 T 检验							
		F	显著性	T	自由度	显著性（双尾）	平均值差值	标准误差差值	差值95%置信区间	
									下限	上限
Q6	假定等方差	64.780	0.000	−11.096	95.000	0.000	−1.079	0.097	−1.272	−0.886
	不假定等方差			−8.879	37.000	0.000	−1.079	0.122	−1.325	−0.833
Q7	假定等方差	117.591	0.000	−6.672	95.000	0.000	−0.771	0.116	−1.000	−0.541
	不假定等方差			−5.446	39.157	0.000	−0.771	0.142	−1.057	−0.485
Q8	假定等方差	99.613	0.000	−6.301	95.000	0.000	−0.701	0.111	−0.922	−0.480
	不假定等方差			−5.096	38.143	0.000	−0.701	0.138	−0.980	−0.423
Q9	假定等方差	128.591	0.000	−5.010	95.000	0.000	−0.570	0.114	−0.795	−0.344
	不假定等方差			−4.051	38.094	0.000	−0.570	0.141	−0.854	−0.285
Q10	假定等方差	83.226	0.000	−5.075	95.000	0.000	−0.587	0.116	−0.816	−0.357
	不假定等方差			−4.142	39.155	0.000	−0.587	0.142	−0.873	−0.300
Q11	假定等方差	41.360	0.000	−4.352	95.000	0.000	−0.463	0.106	−0.674	−0.252
	不假定等方差			−3.647	42.431	0.001	−0.463	0.127	−0.718	−0.207
Q12	假定等方差	36.732	0.000	−6.675	95.000	0.000	−0.820	0.123	−1.064	−0.576
	不假定等方差			−5.703	45.118	0.000	−0.820	0.144	−1.109	−0.530
Q13	假定等方差	31.315	0.000	−8.891	95.000	0.000	−1.179	0.133	−1.442	−0.916
	不假定等方差			−7.569	44.575	0.000	−1.179	0.156	−1.493	−0.865
Q14	假定等方差	18.350	0.000	−8.960	95.000	0.000	−0.934	0.104	−1.141	−0.727
	不假定等方差			−7.787	47.726	0.000	−0.934	0.120	−1.176	−0.693

题项		莱文方差等同性检验		平均值等同性 T 检验							
		F	显著性	T	自由度	显著性（双尾）	平均值差值	标准误差差值	差值 95% 置信区间		
									下限	上限	
Q15	假定等方差	20.214	0.000	−8.567	95.000	0.000	−1.055	0.123	−1.299	−0.810	
	不假定等方差			−7.472	48.319	0.000	−1.055	0.141	−1.339	−0.771	
Q16	假定等方差	10.911	0.001	−9.570	95.000	0.000	−1.136	0.119	−1.371	−0.900	
	不假定等方差			−8.219	45.869	0.000	−1.136	0.138	−1.414	−0.857	

在对高分组和低分组的均值是否存在显著差异进行判断之前，研究员需要先判别两组的方差是否相等。因此，需要先看上述表格的第一部分莱文方差等同性检验。如果莱文方差等同性检验的结果显示的显著性概率值 $p < 0.05$，则表示两个组的方差不相等，需要看"不假定等方差"这行的数据；反之，如果 $p > 0.05$，则表示两个组的方差相等，需要看"假定等方差"这行的数据。在表 7–12 中，因为 16 个题项的莱文方差等同性检验结果的 p 值都小于 0.05，所以看"不假定等方差"行的数据。从数据结果来看，16 个题项的高分组和低分组在均值上都存在显著差异，因此这些题项都具有区分度。但是，如果在一些数据分析的过程中，出现了某些题项的高、低分组均值检验通不过的情况（ $p \geqslant 0.05$ ），那么就可以考虑修改或者删除这些题项。

三、小结：项目分析的最终结果

信度、效度和区分度检验可以统称为量表的项目分析过程。通过这些检验可以甄别和删除量表中不适合的题项，最终形成一份高质量的量表，并以此量表的数据为基础进行后续的统计分析。虽然信度、效度和区分度检验涉及的是量表的不同方面，但是最终发现的不合格题项经常是相同的，这说明一个不好的题项往往会同时降低量表的信度、效度和区分度，应该进行删除。

第四节　提高问卷回答真实性的方法

在做问卷调查时，总有一些研究者会担心问卷答案的真实性问题。在我们日常的问卷调查工作中，也曾经碰到过研究者和调查对象认为问卷调查的结果是不真实的，进而怀疑整个问卷调查研究的意义。但是对于专业的社会调查者来说，实际上有多种方法可以检测问卷的真实性，或是用一些方法促使被调查者真实回答问题。本节将介绍一些常用的提高问卷回答真实性的办法。

一、测谎题

检测问卷真实性的一个办法是在问卷中放入测谎题。测谎题的特点是，一般情况下，这些题目的答案应该都是一定的，如"Q1. 我从小到大从来没有说过脏话"，又如"Q2. 我从来没有产生过不道德的想法"，选项都为"1. 是；2. 否"。对于普通人来说，这些问题的答案应该都是"2. 否"。但是对于一个有过度自我修饰倾向的人来说，可能会在这些负面的问题上隐藏自己的真实想法，尝试去塑造一个更完美的自己，从而选择"1. 是"。此外，对于胡乱回答问题、审题不清的被调查者来说，这些题也同样可能选错。如果在测谎题中，答题错误的占比较高，那么就有理由认定该被调查者是一个有自我修饰倾向的个体或是胡乱答题的人，从而认定该问卷的答案不可信，可作废卷处理。

测谎题较适合于题量较大、测量内容相对较多和较复杂的问卷，这样将测谎题混入其中就不那么容易被发现，被调查者较难猜测出测谎题的目的。但是，如果是题量较小、测量的变量较单一的问卷（如"针对××市市政工程的公民满意度调查量表"），则测谎题在其中就会显得突兀，从而引起被调查者的怀疑，这时候就不适合放入测谎题。

二、反义题

反义题是指意思表示相反的一对题项，如先在问卷的较前面部分放入题项"我对学校老师的教学总体上是满意的"，选项为"非常同意，基本同意，一般，基本不同意，非常不同意"，然后在问卷的较后部分放入题项"对于老师的日常教学，我经常觉得不满"，选项同样为"非常同意，基本同意，一般，基本不同意，非常不同意"。如果被调查者认真回答了这两个问题，那么这两个问题的答案应该正好相反；如果研究者发现，被调查者在前一题中选择了"非常同意"，在后一题中同样选择了"非常同意"，那么就应该警惕，有必要综合问卷的其他答案来判断被调查者是否存在胡乱答题的现象。

需要注意的是，反义题不应该放置过多，否则认真答题的被调查者会很容易发现，从而怀疑问卷设计者是否存在某种目的，或是干脆怀疑问卷设计者的问卷设计水平。此外，对于反义题答错的问卷要仔细核对，以确定被调查者不是因为对该题审题不清而不小心答错。

三、指定答案的题

为了测量被调查者是否认真审题，有时候研究者会在问卷中设计指定答案的题，也就是在题目的后面直接要求被调查者选择某个答案。

实例7-2：每个人对自己的工作都有个人所有权（此题请选择指定答案：3.不确定）

1.非常同意　2.同意　3.不确定　4.不同意　5.非常不同意

如果被调查者认真阅读题项，则会按要求选择3。但是，如果是胡乱答题的人，则可能没有看见题项后的说明而选了其他答案。因此，在问卷回收后，可以对指定答案的题的选择进行检查，对于没有选择指定答案的问卷要进行分析，判断是否为废卷。

当然，指定答案的题同样不能在问卷中放入过多，否则会干扰被调查者答题，一般放入1个即可。

四、无法猜测出真实目的的题

除了前面所提及的出于自我修饰，或是胡乱答题而导致的问卷答案不真实外，还有一种情况是因为被调查者的特殊身份，使其不敢或不愿意表达出真实的想法。这时候可以将题项设计得更灵活，使被调查者无法觉察到题项的真实意图，从而无法隐瞒自己的真实想法。如研究者希望了解一个村庄的治安情况，因此对村民和村干部发放问卷，如果直接问"您觉得自己的村子治安怎么样？"或是"您觉得自己的村子安全吗？"虽然简洁明了，但是村干部可能更希望让调查员得出村庄的治安很好的结论，而在相关的题项上都选择了"治安非常好"或是"非常安全"这样的选项。为了避免这种情况，调查员可以将问题改为"您每次出门的时候有关门的习惯吗？"因为对于很多村庄来说，如果治安情况非常好的话，村民短时间出门可能不会关门，但是如果治安情况非常糟糕，那么就会有更多的人选择关门。"您每次出门的时候有关门的习惯吗？"

这样的问题相对于前面直接的发问，更不容易让被调查者猜出问题的目的，如果问题本身就很简单，那么被调查者更有可能非常迅速地回答自己的真实情况。

五、其他方法

除了问卷中各种题项的设计外，还有一些方法可以促使被调查者以更加严肃认真的态度回答问卷。比如在问卷的卷首语中说明问卷调查的目的，以及被调查者所填的问卷对整个研究的重要性，以提高被调查者的责任感和使命感。如风笑天教授在《青年发展情况调查问卷》的卷首语中写道："你的回答将代表众多与你一样的青年朋友，相信你会认真完成！"[①]或者直接写"您的回答对于我们的研究非常重要，请您认真填写"，或者写"您的回答将作为我们数据的重要组成部分，调查的结果将提交给相关政府部门作为参考"等。通过卷首语让被调查者觉得自己的回答是重要的，从而认真作答。

又比如给被调查者提供合适的报酬或礼物，以感谢他们的辛苦付出，而且这种回报也需要在卷首语中进行说明。如"我们将送给您一件小礼物，以感谢您的支持与合作"。一方面，赠送礼物或酬金体现了调查员对这次调查的重视及付出的成本；另一方面，体现出对被调查者劳动成果的尊重。被调查者在知道可以拿到礼物或酬金后，也更有可能认真回答问题。当然，对于是否要给予酬金，以及给予多少酬金也一直是受到争议的问题。因为过多的酬金或是价格较昂贵的礼物也有可能吸引来一些不合适的人，或是使被调查者的目的变得过于功利。就如同在实验研

---

①风笑天：《社会学研究方法》，中国人民大学出版社2009年版，第163页。

究中，给予实验被试过高的报酬，可能使被试尝试去做出更符合实验者希望的表现。

此外，一对一的问卷调查也比一对多的问卷调查更能提高问卷的真实性。在调查员的关注下，被调查者更愿意认真回答问题。在互联网社会中，虽然网络问卷系统已经较为完善，但是仍然有不少学者采取线下一对一的问卷发放方式，虽然成本高昂，但问卷的质量也能得到更好的保证。

第八章

描述统计

  研究者完成问卷调查、对数据进行初步整理之后，需要对数据进行进一步的描述与统计分析。本章将介绍在统计分析中所需要使用到的变量类型，在描述统计中常见的分析方法，以及如何使用 SPSS 软件对数据进行描述，并绘制图表来展示问卷调查的结果。

当我们通过调查获取了大量数据后，就需要去挖掘数据背后的意义。统计分析能够帮助我们从混乱的表象中挖掘出数据背后的意义。数据的意义不能只单看数值的绝对意义（数值大小），还必须了解数值的相对意义。

统计分析分为描述统计和推论统计。描述统计是指对收集到的数据本身及其所反映的内容进行简单描述。而推论统计则需要我们在已有数据结果的基础上做出超越数据本身的推论，挖掘数据背后的意义。例如，在"大学生新浪微博自我表露行为及影响因素研究"这项研究中，研究者根据问卷调查的结果，统计了被调查者在使用新浪微博时，使用最多的功能（见表8-1），这是对原始数据基本情况的描述，属于描述统计的范畴。

表 8-1　新浪微博基本功能使用情况统计表

基本功能	人数	百分比（%）
转发	39	19.80
评论	13	6.60
点赞	31	15.74
发布原创	26	13.20
浏览	88	44.76

注：因数据不能整除，各百分比相加为 100.10%，不为 100.00%。

在表 8-2 中则对性别在自我表露方面的差异进行了推论统计，通过统计的方法来判断样本数据得到的组间差异，即男女性别的差异是否受到偶然因素的影响。在本例中，虽然女大学生的自我表露分数高于男大学生，但是统计检验结果并未达到显著性差异水平，因此，并不能推断女大学生比男大学生有更多的自我表露。

表8-2 性别在自我表露方面的差异性检验

性别	男	女
自我表露	1.565±0.470	1.641±0.397
T	T=1.130	

因此，描述统计与推论统计存在本质的差别，描述统计仅仅是对数据结果的简单总结，而使用推论统计可以帮助我们做出关于样本总体的更一般情况的推论。

在统计分析中，我们选择使用描述统计还是推论统计并不是二选一的命题。在研究中，一般我们会先采用描述统计来描述数据的基本情况，然后使用推论统计做出对总体的可靠推论。

数据经过统计分析之后会得到一些描述统计的变量，如平均值、标准差等；我们还可以通过不同类型的统计图表来呈现数据结果，如频率分布表、直方图、条形图、饼图等，来帮助我们更好地展示和理解数据。

在本章中，我们将介绍在问卷中常用的一些描述统计的方法，在第九章中我们将介绍问卷中常用的推论统计的方法。

第一节　变　量

在统计分析中会涉及变量的类型，变量的类型不同涉及的统计方法也有所差别。因此，我们需要先了解所要处理的数据是属于哪种类型，然后根据变量的类型选择适合的统计方法。

一、数值型变量与分类变量

按照数据的类型，可以将变量分为两大类：数值型变量和分类变量。

采用定距测量和定比测量得到的变量属于数值型变量。数值型变量根据数据的连续性，可分为两类：连续变量和离散变量。连续变量的取值范围可以是任意值，既可以是整数，也可以是小数，在相邻两个数值之间可被无限分割，例如，一个人的身高和体重；离散变量通常是整数取值的变量，例如班级的人数，一般是通过计数得到的。数值型变量的大小是可以比较的，而且可以进行加减运算，如 A 比 B 的成绩高 10 分，B 比 C 的成绩高 2 分，那么 A 比 C 的成绩高了 12 分（10+2=12）。在SPSS 中，将数值型变量称为标度变量。

采用定类测量和定序测量获得的变量属于分类变量，分类变量可分为顺序变量和名义变量。顺序变量是有大小的分类变量，例如考试的排名（在 SPSS 中称为有序变量）；而名义变量是没有顺序的分类变量，例如性别、血型、户口类别等。分类变量是不能进行加减运算的。尽管第一名的成绩比第二名的好，第二名的成绩比第三名的好，但是，第一名和第二名之间的距离与第二名和第三名之间的距离是不同的。例如在前面的例子中，A，B，C 分别是班上的第一名、第二名和第三名，第一名与第二名之间差了 10 分，第二名与第三名之间只差了 2 分。

我们在问卷调查中，经常会采用李克特量表等对某变量进行测量。用李克特量表测量的变量从严格意义上来说是顺序变量。由于分类变量是无法计算平均值或进行相关分析、T 检验等统计分析的，因此为了方便解释和分析，我们将这类变量当成数值型变量来进行处理。

二、自变量与因变量

在统计分析中，根据我们所要研究的问题，我们把变量分为自变量和因变量。自变量是指原因变量，因变量是指结果变量。比如我们要考察玩游戏的时间对学习成绩的影响，那么自变量是玩游戏的时间，因变量是学习成绩；又比如我们要考察学习成绩对自尊的影响，那么这时学习成绩就成了自变量，而因变量是自尊。

第二节　频率分布表

描述统计的第一步，是对各类别变量的分布情形与各量表的基本数据进行整理与呈现，最简单且最常用的方法是建立频率分布表。

一、频率分布（Frequency Distribution）

频率分布是采用列表的形式对数据进行描述总结。在频率分布中，频数是指变量值落在某区间或某类别中的次数；百分比也叫百分数，是指频数占总样本数的百分比；有效百分比是指各频数占有效样本数的百分比（有效样本数指总样本数减去缺失样本数）；累计百分数是指百分比累加起来的结果，最终的值为100%。

对于名义变量（如性别）和顺序变量（如年级）的数据，由于数值的种类较少，最适合使用频率分布表来呈现。如表8-3展示了被调查者的学校、性别、年级的基本情况，其中频数表示属于该类别的有多少人，百分数表示该类别的人数占所有人数的比例，累积百分数是指将前面的百分比相加得到的百分数。例如，××工程学院的人数累积百分数为46.8%，即为××中医药大学的人数百分数（12.4%）与××工程学院的人数百分数（34.4%）之和。每个变量最后一个类别的累积百分数为100.0%。

表 8-3　被调查者的基本特征

变量	分类	频数（N）	百分数（%）	累积百分数（%）
学校	××中医药大学	93	12.4	12.4
	××工程学院	259	34.4	46.8
	××医科大学	110	14.6	61.4
	××师范大学	162	21.6	83.0
	××闽江学院	128	17.0	100.0
性别	男	191	25.4	25.4
	女	561	74.6	100.0
年级	大一	436	58.0	58.0
	大二	186	24.7	82.7
	大三	130	17.3	100.0

该表格节选并改编自张建齐：《"90后"大学生人际信任、自立人格与人际关系的相关研究》，2012年学位论文，第31页。

与名义变量和顺序变量相比，数值型变量的数值范围很广，如果事先没有进行归类，简化数值的种类，频率分布表则可能显得庞大冗长。在简化时，我们通常会先进行分组。分组时，一般先计算全距（最大值与最小值之间的差距），再根据全距决定组数及组距，确定各组的上下限后，对测量值进行分组。在一个给定的数据区间中，最小值也可以称为分组区间的组下限，最大值也可以称为分组区间的组上限。组距就是组下限和组上限之间的差值，也称为分组区间。组数和组距的确定并没有固定的标准，一般来说，在确定一个频率分布的组距时，我们希望将所有的分组区间的组距设定为一个均等的值。在具体的研究中，也可按照研究的需要或者通用的标准来进行分组。例如，对于学生成绩的划分，我们可以采用0—9分，10—19分，20—29分……这样10分一组进行划分；也可将 0—59 分归为不及格，60—69 分归为及格，70—79 分归为中等，80—89 分归为良好，90—100 分归为优秀。在样本量较少的情况下，为避免太多组的频数为 0 或者很小的情况，组的个数最好不要超过样本数的平方根。[①] 例如，在样本数为 25 的情况下，最好不要超过 5 组；在样本数为 36 的情况下，最好不要超过 6 组。在大样本的情况下，为了能够更好地描述样本分布的情况，建议可分成 10—20 组。分组时组数过少，不利于得到关于分布的详细描述；分组过细过多，同样会因组太多而不能很好地描述分布的情况。

在频率分布中，通过累加某个区间及其前面所有区间的频率就能够得到累积频率。通过累积频率我们可以计算得到累积频率分布，此外，我们还能够计算得到累积百分数分布。

二、图

频数分布表中的有关信息通常可以通过图的形式直观地表现出来，常用的图有条形图、饼图和直方图。

（一）条形图

条形图可能是最简单的图，一个长方形或长条竖立在 X 轴的每个数值上，哪个值的频数越高，则长条的高度也越高。当自变量 X 是分类变量（包括名义变量和顺序变量）而不是数值型变量时，用条形图表示数据比较合适。例如，表 8-3 中来自不同年级的被调查者的人数可采用条形图来表示（见图 8-1）。

---

①Barry H. Cohen：《心理统计学》，高定国，等，译，华东师范大学出版社 2011年版，第43页。

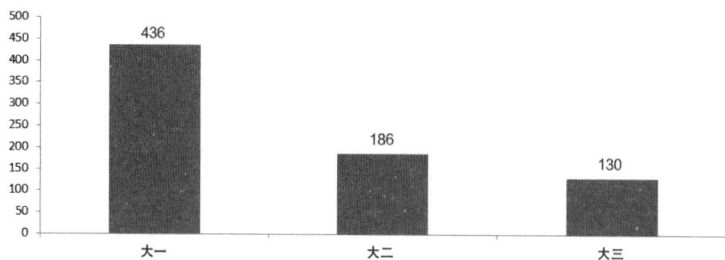

图 8-1　不同年级的被调查者的人数

条形图与表格相比优势相当明显。条形图更直观地表现了 3 个年级的被调查者的人数分布。从图 8-1 中可以看到，被调查者来自大一的人数远多于来自大二和大三的人数。

在多项选择题中，同样可以采用条形图来展示数据结果。例如，在谢英香的博士论文《"90 后"大学生网络社交中信任关系的研究——一项教育社会学分析》中用条形图展示了"90 后"大学生网络社交的动机（见图 8-2），其中选择"与现实中认识的人保持联系"选项的人数最多，占总人数的 59.0%。

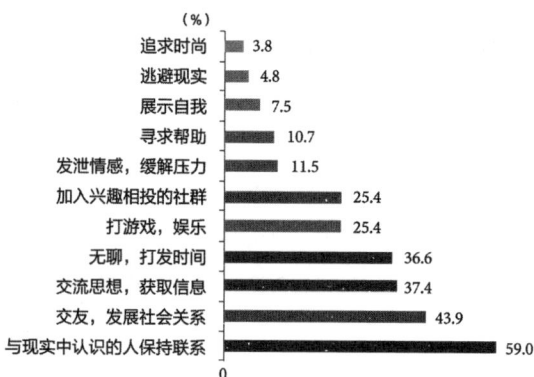

图 8-2　"90 后"大学生进行网络社交的动机

资料来自谢英香：《"90 后"大学生网络社交中信任关系的研究——一项教育社会学分析》，2013 年学位论文，第 102 页。

（二）饼　图

饼图用于表示某变量的各个选项在总体中所占的比例。其中，圆形的总面积为 100%，扇形面积的大小表示该选项的百分比；一般以时钟的 12 点为起点，按顺时针方向表示各组成部分。当同时绘制多个饼图时，图例应保持一致，以便在各个饼图之间进行比较。

饼图仅可用于各个组成部分相加是 100% 的情况，因此，饼图并不适合于多项选择题。

（三）直方图

如果变量是连续的，那么我们就需要用直方图来表示，如身高就是一个典型的连续变量。我们在测量身高的时候习惯上会四舍五入到厘米。用图来描述一个连续变量时，针对每个值的长条应该足够宽，从而使得它正好处于下限和上限之间。因而，相邻的长条是应该连接在一起的。

直方图不仅可以表示连续数据，也可以表示离散数据。一般来说，我们采用直方图对数据进行探索性分析，同时，直方图也是描述数据分布主要特征的比较便利的工具。在直方图中，我们将一组观测值可能的数值范围进一步划分为多组数据。对于这些进一步细分出来的每组数据我们都采用一个长方形来表示，直方图的纵坐标是频率（每个组距内有多少个数据），横坐标是数据的取值范围。因此，我们知道，表示不同组数据的长方形的高度可能是不同的。

在研究中，只要正确无误地输入原始数据，就可以利用统计应用软件（如 SPSS）或文字处理软件（如 EXCEI）来制作频率分布表，下面以 SPSS 软件为例进行说明。

二、SPSS 实例详解

我们采用"中国教育追踪调查（CEPS）"的学生数据进行演示。"中国教育追踪调查（CEPS）"是由中国人民大学中国调查与数据中心设计与实施的大型追踪调查项目，其中抽取了全国112所学校、438个班级，对约2万名中学生的情况进行了调查。调查对象包括学生、家长、教师及校领导。该项目的具体详情可参见网址：https://ceps.ruc.edu.cn/。下面演示的学生数据可在官网（http://cnsda.ruc.edu.cn/index.php?r=projects/view&id=72810330）进行下载。下载数据时会要求注册，注册好之后即可登录下载。

下载完之后，将数据解压，得到"CEPS基线调查学生数据.dta"文件，其在直接导入SPSS软件后，选择［文件（F）］→［打开（O）］→［数据（D）…］（见图8-3），在弹出的"打开数据"对话框下方的［文件类型（T）］的下拉菜单中选择［Stata（*.dta）］，然后打开"CEPS基线调查学生数据.dta"文件所在的文件夹即可打开数据（见图8-4）。

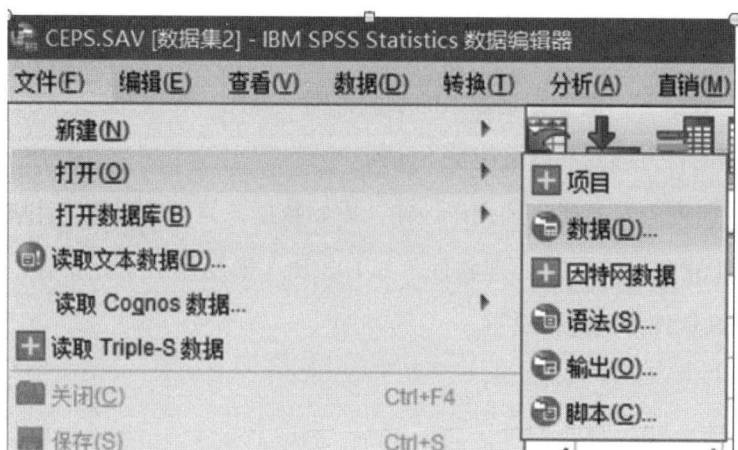

图 8-3　打开数据

图 8-4　"打开数据"对话框

打开数据之后，可将数据另存为 SPSS 格式的数据，即保存类型选择［SPSS Statistics（*.sav）］，以便下次直接用 SPSS 打开使用（见图 8-5）。

图 8-5　保存数据

实例 8-1：制作不同年级的人数频率分布表。

选择［分析（A）］→［描述统计（E）］→［频率（F）］（见图 8-6）后，将弹出"频率"对话框（见图 8-7）。

图 8-6　"频率分布表"菜单

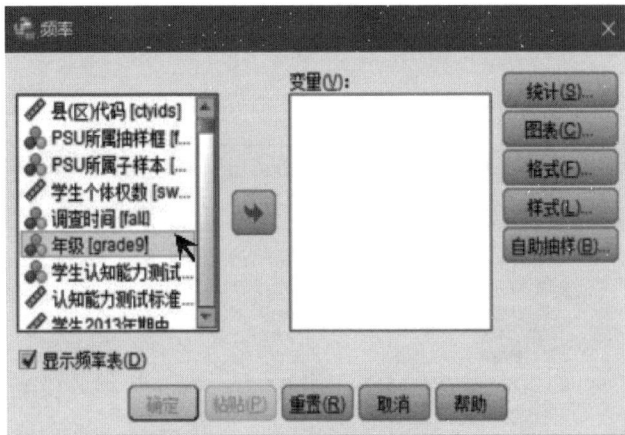

图 8-7　"频率"对话框

在弹出的对话框的左边选取需要分析的变量(如"年级[grade9]"),双击该变量或使用中间的箭头将变量选入右边[变量(V):]下面的方框中,按[确定]按钮后可得到频率分布表(见表8-4、表8-5)。

表8-4　频率分布表1

年级		
个案数（人数）	有效	19 487
	缺失	0

表8-5　频率分布表2

年级		频率（人数）	百分数（%）	有效百分数（%）	累计百分比（%）
有效	七年级	10 279	52.7	52.7	52.7
	九年级	9208	47.3	47.3	100.0
	总计	19 487	100.0	100.0	

表8-4展示了结果呈现中的第一个表格,该表格展示了该变量的有效值和缺失值的个数;第二个表格,即表8-5为年级的频率分布表。从表中我们可以看到,在这个调查中共调查了19 487个中学生,其中:七年级的学生有10 279个,占总人数的52.7%;九年级的学生有9208个,占总人数的47.3%。

我们在论文报告中会使用表格或文字来报告和描述频率统计的结果。在结果呈现时,一般使用第二个表格(见表8-5)的结果进行报告。

实例8-2:制作不同年级的人数频率条形图

在图8-7中,弹出的"频率"对话框的右边有5个按钮,点击[图表(C)...]按钮则出现"频率:图表"对话框(见图8-8)。根据数据类型,可选择图表类型([无]、[条形图(B)]、[饼图(P)]或

［直方图（H）］）和图表值（［频率（F）］或［百分比（C）］）。当选择条形图和饼图时，可以选择使用频率或者百分比；当选择直方图时，可选择是否在直方图上显示正态曲线。

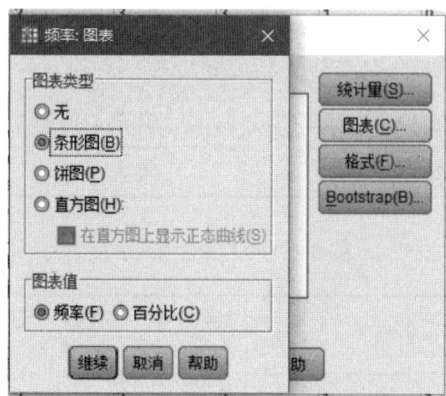

图 8-8   "频率：图表"对话框

图 8-9 展示了分别选择频率和百分比得到的条形图。从图中我们可以看到，在两种情况下，图的形状分布是一致的，不同之处在于纵坐标是采用频率还是百分比。

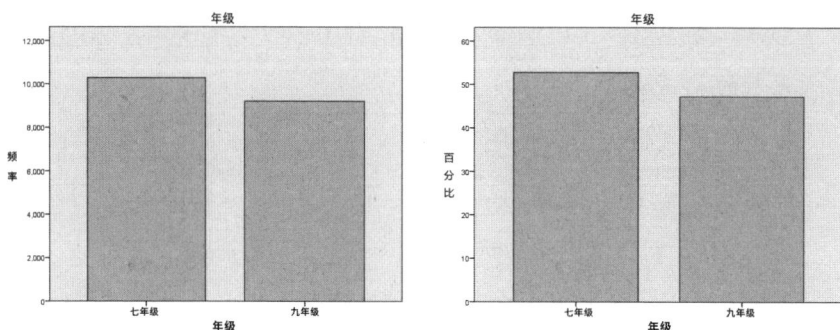

图 8-9   条形图对比

实例 8-3：制作不同年级的户口类型饼图

如果我们要使用饼图来比较七年级和九年级学生的户口类型，可分别选择七年级的数据和九年级的数据来作图。在作图之前，我们先查看数据的情况。选中左下角的标签中的［变量视图］，在该数据库的第 9 行可以看到表示年级的变量（一般从标签这一栏可以判断该变量所表示的含义，在我们做调查问卷时，在录入数据阶段也建议在标签栏进行详细标注，以便于后期处理时更容易理解收集的变量数据），将鼠标移至第 9 行值这一栏的最右边，将出现一个按钮［…］（见图 8-10）。点击该按钮，将出现"值标签"对话框（见图 8-11），从中我们可以得知，在该变量中，"0"表示"七年级"，"1"表示"九年级"。

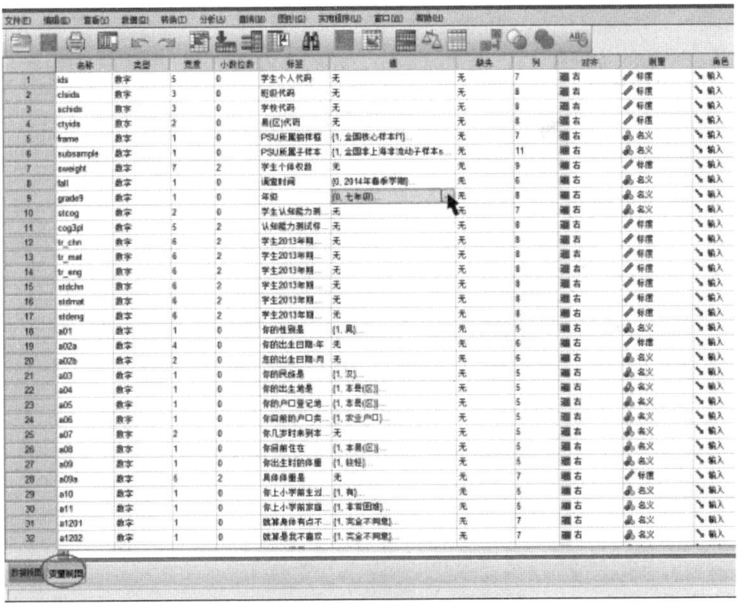

图 8-10　查看变量值

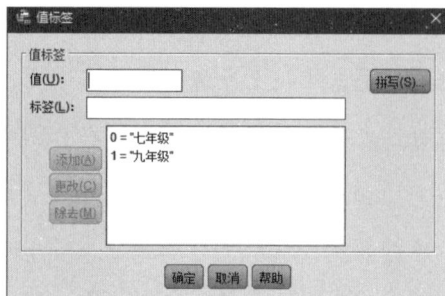

图 8-11　"值标签"对话框

选择［数据（D）］→［选择个案（S）］（见图 8-12）后，出现"选择个案"对话框（见图 8-13）后，选择［如果条件满足（C）］，并选择［如果（I）...］按钮，则出现"选择个案：If"对话框（见图 8-14），在上方的框中输入"grade9 = 0"（从前文我们知道"0"表示"七年级"），继续点击［继续（C）］按钮，回到"选择个案"对话框，再按［确定］按钮即可。这时，七年级的数据被选中（见图 8-15）。在图 8-15 中，最左边序号被划掉的数据将不会在统计中被使用。

图 8-12　［选择个案］菜单

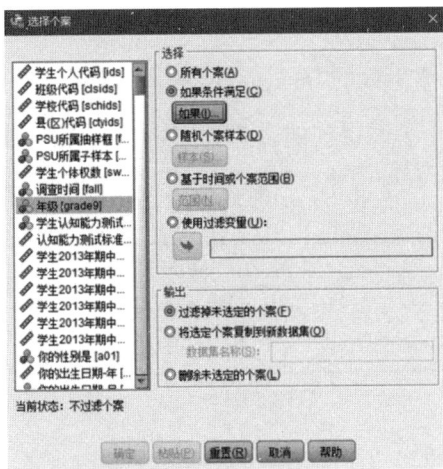

图 8-13　"选择个案"对话框

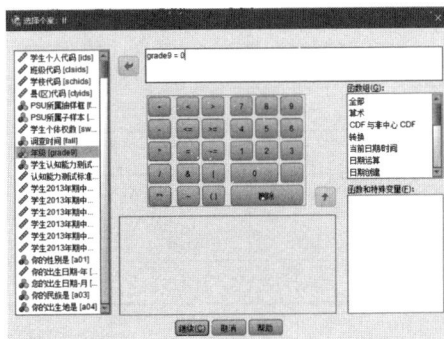

图 8-14　"选择个案：If"对话框

图 8-15　选择"七年级"数据之后的数据界面

在"频率"对话框（见图8-7）中将"你目前的户口类型是［a06］"选入［变量（V）:］下面的方框，在"频率:图表"对话框（见图8-8）中选择［饼图（P）］，得到如表8-6、表8-7、图8-16所示的结果。

表8-6　七年级户口类型统计

目前的户口类型		
个案数（人数）	有效	9626
	缺失	653

表8-7　七年级户口类型频率分布表

目前的户口类型		频率（人数）	百分数（%）	有效百分数（%）	累计百分比（%）
有效	农业户口	5043	49.1	52.4	52.4
	非农户口	2455	23.9	25.5	77.9
	居民户口	2096	20.4	21.8	99.7
	没有户口	32	0.3	0.3	100.0
	总计	9626	93.6	100.0	
缺失	系统	653	6.4		
总计		10 279	100.0		

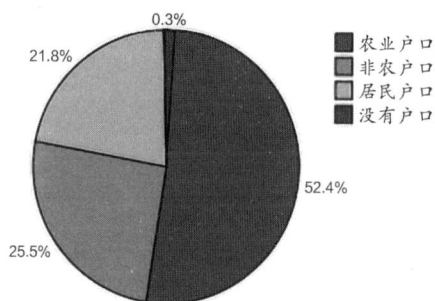

图8-16　七年级户口类型饼图

表 8-6 描述了七年级的户口类型的有效值与缺失值。缺失值的产生是由于部分被调查者没有填写问卷，也就是说，在七年级的被调查者中，有 653 人没有报告自己的户籍类型。从表 8-7 中可以看到，在七年级的被调查者中，农业户口有 5043 人，占七年级被调查者总人数的 49.1%（百分数），占填写了户口类型的七年级被调查者的 52.4%（有效百分数）；非农户口共 2455 人，占七年级被调查者总人数的 23.9%，占填写了户口类型的七年级被调查者的 25.5%；未填写户口类型的被调查者占了七年级被调查者总人数的 6.4%。图 8-16 展示的是有效百分数（我们在论文报告时，一般报告有效百分数）。从饼图中可以看到，在 4 种户口类型中，占比最多的是农业户口，几乎占了一半多，没有户口的被调查者占比非常小。

采用同样的方法选择九年级的数据进行分析，得到九年级的结果如表 8-8、表 8-9、图 8-17 所示。对比七年级的户口类型，我们可以看到，九年级的农业户口和非农户口比例都比七年级的要高。

表 8-8　九年级户口类型统计

目前的户口类型		
个案数（人数）	有效	8968
	缺失	240

表 8-9　九年级户口类型频率分布表

目前的户口类型		频率(人数)	百分数（%）	有效百分数（%）	累计百分比（%）
有效	农业户口	4982	54.1	55.6	55.6
	非农户口	2369	25.7	26.4	82.0
	居民户口	1606	17.4	17.9	99.9

续 表

目前的户口类型		频率(人数)	百分数(%)	有效百分数(%)	累计百分比(%)
有效	没有户口	11	0.1	0.1	100.0
	总计	8968	97.4	100.0	
缺失	系统	240	2.6		
总计		9208	100.0		

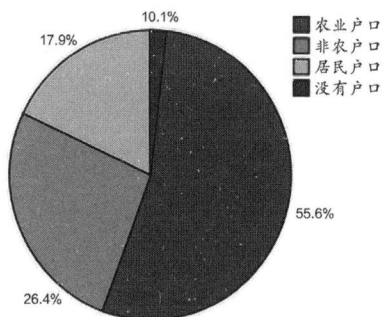

图 8-17　九年级户口类型饼图

　　如果我们要重新选择所有的数据进行处理，可以选择"选择个案"对话框（见图 8-13）中的［所有个案（A）］。

　　实例 8-4：年龄直方图

　　在调查中，年龄是一个连续变量，因此，我们可以采用直方图来表示年龄的分布情况。在该调查中，采用出生年份来调查被调查者的年龄。在图 8-7"频率"对话框中，将"你的出生日期－年［a02a］"选入右边的［变量（V）:］下面的方框（见图 8-18），然后选择［图表（C）］按钮，在"频率：图表"对话框（见图 8-8）中选择直方图，随后勾选［在直方图中显示正态曲线（S）］，按［确定］按钮后，结果如表 8-10、表 8-11、图 8-19 所示。

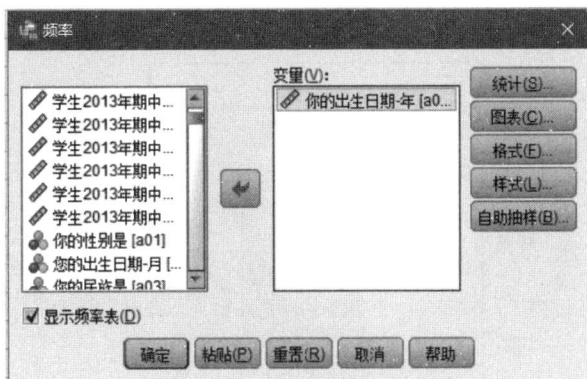

图 8-18 选择出生日期

表 8-10 出生日期统计

出生日期（年）		
个案数（人数）	有效	19 082
	缺失	405

表 8-11 出生日期频率分布表

你的出生日期（年）		频率（人数）	百分数（%）	有效百分数（%）	累计百分比（%）
有效	1996	126	0.6	0.7	0.7
	1997	767	3.9	4.0	4.7
	1998	3675	18.9	19.3	23.9
	1999	5130	26.3	26.9	50.8
	2000	4252	21.8	22.3	73.1
	2001	4923	25.3	25.8	98.9
	2002	209	1.1	1.1	100.0
	总计	19 082	97.9	100.0	
缺失	系统	405	2.1		
总计		19 487	100.0		

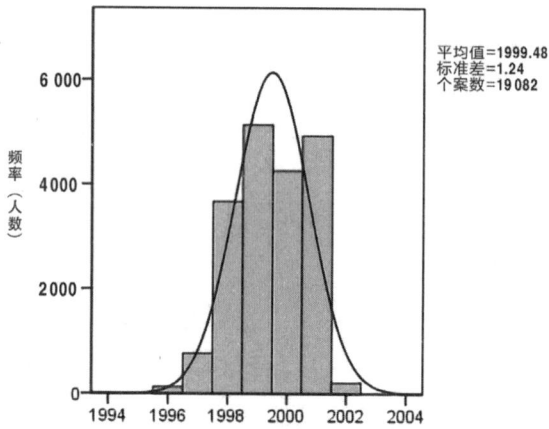

图 8-19　出生年份直方图

　　从结果中可以看到，被调查者的出生年份以 1998—2001 年的居多，1999 年出生的最多，并不符合正态分布。

第三节　描述统计量

在调查中，我们使用的描述统计量主要有 3 类，分别表示数据的集中趋势、离散趋势和分布状况。

一、集中趋势（Central Tendency）

数据的集中趋势是指数据集中的程度，即对这组数据中心的估计。常用的关于数据集中趋势的统计量主要有 3 种：平均值、中数和众数。

（一）平均值（Mean，M）

平均值是描述数据集中趋势最常用的统计量。平均值的计算方法是：将所有数值相加，然后除以数据总个数，即平均值 $M = \dfrac{\sum(a_1 + a_2 + \cdots + a_n)}{n}$ 。例如，学生在某门考试中的平均成绩就等于学生成绩的总和除以参加该门考试的学生人数。

（二）中位数（Median）

中位数是指按顺序排列的一组数据中处于最中间位置的数。中位数的计算方法是：先将一组数据按照从小到大的顺序进行排序，然后选出位于中间位置的那个数，这个数就是这组数据的中位数。如果这组数有奇数个，那么中位数就是排序后位于（n+1）/2 位置的那个数值；如果这组数有偶数个，因为（n+1）/2 不是整数，所以在这种情况下，我们定义这组数据的中位数为离（n+1）/2 位置最近的两个数的平均值。例如，我们调查了 A 班 10 位毕业生工作一年后的年收入分别为 10 万元、8 万元、500 万元、9 万元、12 万元、10 万元、13 万元、14 万元、18 万元、15 万元。排序的结果为 8 万元、9 万元、10 万元、10 万元、12 万元、13 万元、14 万元、15 万元、18 万元、500 万元。对于这组数据，$n=10$，$(n+1)/2=5.5$，由于 5.5 不是一个整数，该组数据的中位数就是经过排序后的第 5 个和第 6 个数的平均值，即 12.5 万元。

中位数是通过排序得到的，它不受最大、最小两个极端数值的影响。部分数据的变动对中位数没有影响，当一组数据中的个别数据变动较大时，常用它来描述这组数据的集中趋势。例如，在毕业生毕业工作一年后的年收入这个例子中，如果用平均值表示，那么这 10 个毕业生毕业工作一年后的年平均收入为 60.9 万元，而实际上，除了那个收入为 500 万元的毕业生外，其他人的年收入都远低于平均值。可见，采用中位数更能真实地反映毕业生毕业后收入的情况。此外，使用平均值容易受到极端值（500 万元）的影响。如果这名年收入为 500 万元的毕业生在调查的那一年收入受到其他情况影响只有 20 万元，那么这 10 个毕业生毕业后的年平均收入将从原来的平均 60.9 万元变为 12.9 万元。

（三）众数（Mode）

众数是指在一组数据中出现次数最多的数。如果想知道一组数据的众数，就需要将数据按照大小进行排序，并记录每个数值在这组数据中出现的次数，出现次数最多的数就是这组数据的众数。在上面那组数据中，10 万元出现了两次，是这组数据中出现次数最多的数。因此，10 万元就是这组数的众数。在一些分布中，众数可能不止一个。例如，在双峰分布中就存在两个出现次数最多的数值。在处理名义变量时，其他集中趋势（如平均值）均无法测量，众数就成为表示该变量集中趋势的唯一指标。例如，通过图 8-2，我们知道在大学生网络社交的动机中，"与现实中认识的人保持联系"这个选项选择的人最多，其便为众数。

二、离散趋势（Dispersion）

数据的离散趋势是指一组数据的分散程度。在描述数据离散趋势时，最常用的统计量是全距（Range）、四分位数（Quartile）、方差（Variance）和标准差（Standard Deviation，SD）。

（一）全 距

全距是指在一组数据中，最大值和最小值的差。它是比较容易计算的，但是它对极端值比较敏感。例如，在毕业生毕业后年收入的这个例子中，最大值为 500 万元，最小值为 8 万元，全距为 492 万元。但是在收入为 500 万元的同学的收入缩水到 20 万元的情况下，全距就变成了 12 万元。

全距的优势在于不仅可以测量变异，还可以囊括整个分布。例如，在设计手铐时，就需要测量成人手腕大小的全距。如果手铐不够大，就会导致有些人的手腕因为太大而无法套入；如果手铐不够小，就会有人因为手腕太小而逃脱。

（二）四分位数

分位数是将调查的数据进行划分的数据点，常用的有二分位数（即中位数）、四分位数、百分位数等。

四分位数是在统计中较为常用的分位数。与中位数一样，计算四分位数需要先将数据按照从小到大的顺序进行排列：第 25% 的数据，即第 25 个百分位数被称为第一个四分位数，标记为 Q1；第 50% 的数据，即第 50 个百分位数被称为第二个四分位数，标记为 Q2；第 75% 的数据，即第 75 个百分位数被称为第三个四分位数，标记为 Q3。Q1，

Q2 和 Q3 可以将变量分为 4 个相等的部分，通过 Q1 和 Q3 的比较，分析数据变量的趋势。由于中位数相较于平均值，能更好地描述数据的集中趋势，使用四分位数来描述数据会更合适。在毕业生的年收入这个例子中，四分位数的算法如下：（n+1）/4=2.75，则 Q1 在第二与第三个数字之间；（n+1）/2=5.5，Q2 在第五与第六个数字之间，与中位数相同；3（n+1）/4=8.25，Q3 在第八与第九个数字之间。Q1=0.75×10+0.25×9=9.75 万元，Q2=12.5 万元，Q3=0.25×18+0.75×15=15.75 万元。使用（Q3–Q1）可以得到四分位距。四分位距反映了数据的离散程度。

与四分位距相比，四分位数的缺点在于，无法精确反映数据整体分布的情况，也无法简单地应用到高级统计中。

如前所述，在问卷调查中，我们还经常使用 27% 的分位数。

（三）方　差

方差是分析数据离散程度时最常用的统计量，在推论统计中扮演着非常重要的角色。我们把样本 x 与样本平均值 $\bar{x}$ 之间的距离叫作离差分数（Deviation Score）。方差是指各离差平方和的平均值。计算公式如下：$s^2=\dfrac{\sum(x-\bar{x})^2}{n}$。方差越小，说明该组数据的分布越集中；方差越大，说明该组数据分布的离散程度越大。

例如，我们对两个小组的语文水平进行了测试，每个小组有 5 位同学：A 组同学的分数分别为 87，84，88，85，86；B 组同学的分数分别为 96，76，93，95，70。这两组同学的平均分数均为 86 分，但是 A 组同学的语文水平差别比较小，而 B 组同学的语文水平差异比较大。经计算，A 组的方差为 2.5，B 组的方差为 146.5，B 组的方差比 B 组的全距还大。这是由于方差的计算是基于离差的平方得到的。为了对这个问题进行修正，我们采用标准差来表示样本的离散程度。

（四）标准差

标准差是对方差取平方根得到的统计量，它对数据离散程度的估计更准确、更详细，并且在推论统计中起着举足轻重的作用。标准差的计算公式为 $S=\sqrt{\dfrac{\sum(x-\bar{x})^2}{n}}$。根据前述语文水平测试的例子，A 组的标准差为 1.58，B 组的标准差为 12.1。这说明 A 组的离散程度比较小，B 组的离散程度比较大。

三、数据分布

数据分布是指一组数据中每个具体的测量值在全部测量值中出现的次数，即数据的分布是对观测值分布范围的总结。

在数据分布中，最重要的分布就是正态分布。在自然界中，正态分布也是最常见的分布。例如，人的身高、智商都是呈正态分布的。在很多推论统计中，如 T 检验、方差分析都要求数据符合正态分布。在统计分析中，分布状况往往以正态分布为基础和比较对象。数据分布的形态有两个重要的特征：一个是偏度（Skewness），一个是峰度（Peakedness）。

（一）偏　度

偏度指的是数据分布的对称程度。如果分布是左右对称的，则称之为正态；如果分布偏左，偏度 > 0，则称之为正偏态；如果分布偏右，偏度 < 0，则称之为负偏态（见图 8-20）。在正态分布下，众数、中位数与平均值相等；在正偏态时，众数 > 中位数 > 平均值；在负偏态时，众数 < 中位数 < 平均值。

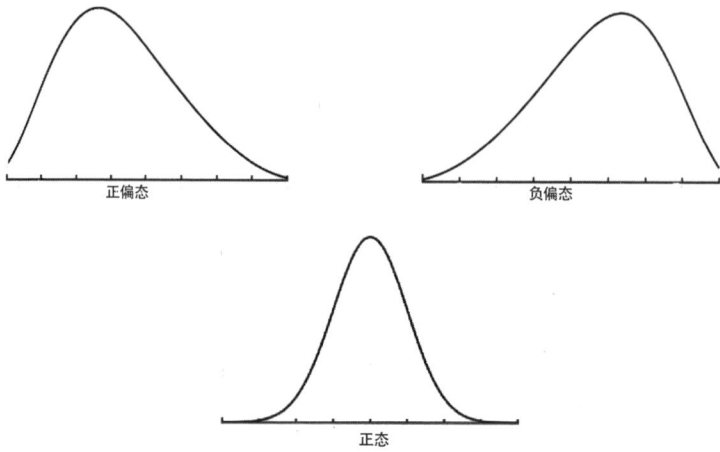

图 8-20　偏态与正态分布

（二）峰　度

峰度又称峰态系数，指的是数据分布形态的陡缓程度。峰度反映了峰部的尖度。这个统计量需要与正态分布相比较。数据的峰度 > 0，表示该总体数据分布与正态分布相比较为陡峭，为尖峰；数据的峰度 < 0，表示该总体数据分布与正态分布相比较为平坦，为平峰（见图 8-21）。峰度的绝对值数值越大，表示其分布形态的陡缓程度与正态分布的差异程度越大。

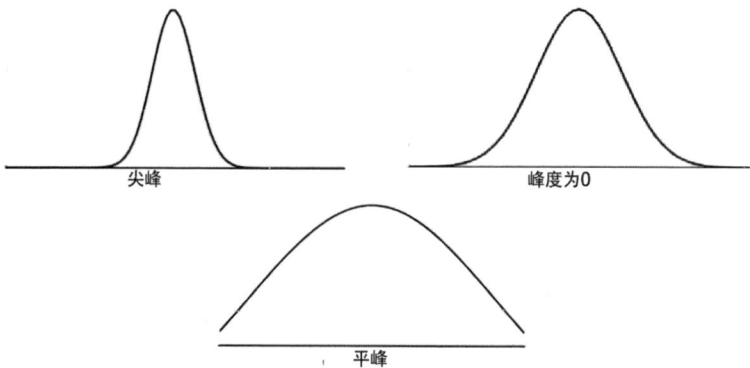

图 8-21　峰度

四、SPSS 实例详解

我们采用"中国教育追踪调查（CEPS）"的学生数据进行演示。

实例 8-5：周末每天完成老师布置的作业所花的平均时间

在本例中，我们想要研究这些初中生在过去的一周里，周末每天平均花多少时间完成老师布置的作业。为了计算方便，我们只研究到小时单位，0小时表明作业时间少于1小时。我们可以采用3种方法进行分析。

方法1：使用［描述］菜单

数据打开的步骤详见第二节。选择［分析（A）］→［描述统计（E）］→［描述（D）…］（见图8-22），弹出"描述"对话框。我们将"过去一周里，你平均每天花多少时间写学校老师布置的作业（周六和周日，小时）［b14b1］"选入［变量（V）：］下面的方框中（见图8-23），再选择右边的［选项（O）…］按钮，出现"描述：选项"对话框（见图8-24）。

图8-22 ［描述］菜单

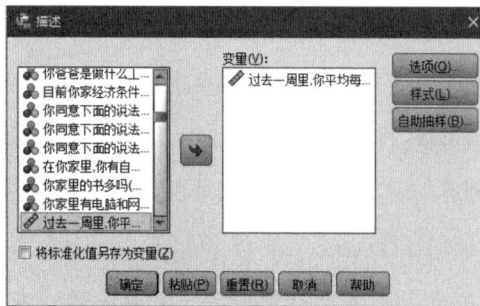

图 8-23　"描述"对话框

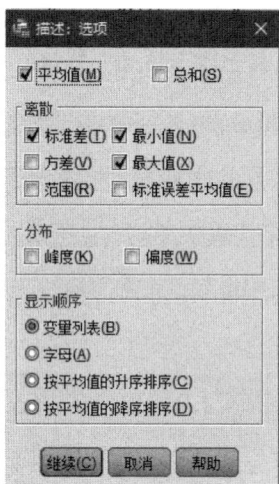

图 8-24　"描述：选项"对话框

在"描述：选项"对话框中，可以选择计算变量的平均值、总和、标准差、方差、范围（即全距）、最小值、最大值、标准误差平均值[①]、峰度和偏度。我们将在所有选项前的方框上打钩，得到的结果如表 8-12 所示。在结果中可以看到，有效的个案数为 19 036 个，全距为 24，最小值为 0，最大值为 24，总共加起来是 53 592 个小时，平均值为

───────────

①标准误差平均值表示平均值的抽样分布的标准差，等于总体的标准差除以样本大小的平方根。

2.82 个小时，标准差为 2.471，偏度为 2.572＞0（为正偏态），峰度值为 12.951，说明峰值比较高，并且远离正态分布。

表 8-12　描述统计结果

题项	个案数	范围	最小值	最大值	总和	平均值		标准值	方差	偏度		峰度	
	统计	统计	统计	统计	统计	统计	标准误差	统计	统计	统计	标准误差	统计	标准误差
过去一周里，你平均每天花多少时间写学校老师布置的作业（周六和周日，小时）	19 036	24	0	24	53 592	2.82	0.018	2.471	6.104	2.572	0.018	12.951	0.036
有效个案数（成列）	19 036												

方法 2：使用［频率］菜单

在［频率］菜单中同样可以获得描述统计的结果，而且还可以通过直方图对数据分布有更直观的认识。下面我们采用［频率］菜单重新对初中生周末的作业时间进行分析。

选择［分析（A）］→［描述统计（E）］→［频率（F）...]（见图 8-6）后弹出"频率"对话框（见图 8-7），将"过去一周里，你平均每天花多少时间写学校老师布置的作业（周六和周日，小时）［b14b1］"选入［变量（V）:］下面的方框中，再点击"频率"对话框（见图 8-7）中的［统计（S）...］按钮，则出现"频率：统计"对话框。在这个对话框中，可以选择百分位值（四分位数、n 等分分位数、任意百分位数）、集中趋势（平均值、中位数、众数、总和）、离散趋势（标准差、方差、范围、最小值、最大值、标准误差平均值）、分布（偏度、峰度）。

［四分位数（Q）］可以计算第一个四分位数（25 百分位数）、第二个四分位数（50 百分位数）和第三个四分位数（75 百分位数）。［分割点（U）: ［　］相等组］被选中后（前面方框中打钩），可根据需要填写将变量等

分成几等份。在［百分位数（P）:］后面的方框中填入任意需要的百分位数，如在一些问卷中，需要分析前27%（高分组）和后27%（低分组）的差别，就可以在［百分位数（P）:］后面的方框中输入27后点击［添加（A）］，添加完之后，"27.0"将会出现在［百分位数（P）:］下方的方框中（见图8-25），在［百分位数（P）:］后面的方框中输入73（100减去27）后点击［添加（A）］，"73.0"将会出现在"27.0"的下方。如果数据输入错误，那么就可以点击错误的数值，将正确的数值输入［百分位数（P）:］后面的方框中，点击［更改（C）］按钮，或者点击错误的数值，点击［除去（M）］按钮，重新输入正确的数值进行添加即可。

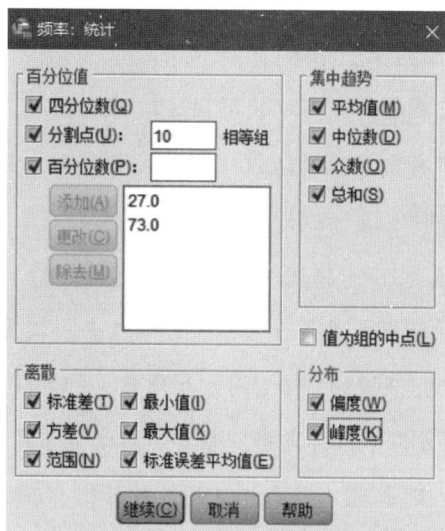

图 8-25　"频率：统计"对话框

选择所需要计算的统计量，点击［继续（C）］按钮回到"频率"对话框（见图8-7），再点击［图表（C）...］按钮出现"频率：图表"对话框（见图8-8），选择直方图，勾选［在直方图上显示正态曲线（S）］，得到的结果如表8-13、表8-14、图8-26所示。

表 8–13 频率统计结果

过去一周里，你平均每天花多少时间写学校老师布置的作业（周六和周日，小时）

个案数		有效	19 036
		缺失	451
平均值			2.82
平均值标准误差			0.018
中位数			2.00
众数			2
标准差			2.471
方差			6.104
偏度			2.572
偏度标准误差			0.018
峰度			12.951
峰度标准误差			0.036
范围			24
最小值			0
最大值			24
总和			53 592
百分位数		10	0
		20	1.00
		25	1.00
		27	1.00
		30	2.00
		40	2.00
		50	2.00
		60	3.00
		70	3.00
		73	4.00
		75	4.00
		80	4.00
		90	5.00

表 8-14　频率分布表

过去一周里，你平均每天花多少时间写学校老师布置的作业（周六和周日，小时）		频率（人数）	百分数(%)	有效百分数（%）	累计百分比（%）
有效	0	2172	11.1	11.4	11.4
	1	3422	17.6	18.0	29.4
	2	4763	24.4	25.0	54.4
	3	3345	17.2	17.6	72.0
	4	2035	10.4	10.7	82.7
	5	1526	7.8	8.0	90.7
	6	673	3.5	3.5	94.2
	7	236	1.2	1.2	95.5
	8	303	1.6	1.6	97.1
	9	96	0.5	0.5	97.6
	10	213	1.1	1.1	98.7
	11	29	0.1	0.2	98.8
	12	105	0.5	0.6	99.4
	13	12	0.1	0.1	99.4
	14	11	0.1	0.1	99.5
	15	16	0.1	0.1	99.6
	16	11	0.1	0.1	99.6
	17	3	0	0	99.7
	18	12	0.1	0.1	99.7
	19	2	0	0	99.7
	20	22	0.1	0.1	99.8
	21	2	0	0	99.9
	22	2	0	0	99.9
	23	5	0	0	99.9
	24	20	0.1	0.1	100.0
	总计	19 036	97.7	100.0	
缺失	系统	451	2.3		
总计		19 487	100.0		

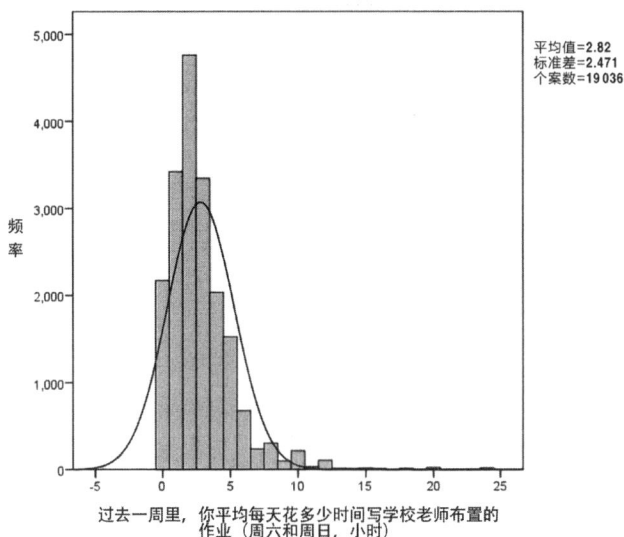

图 8-26　结果统计图

在表 8-12 与表 8-13 中，描述统计的结果是一致的，只是两者的排版有所差别，采用［描述］菜单得到的结果是横向排列的，而采用［频率］菜单得到的结果是竖向排列的。此外，我们从结果中还可以看到，第一个四分位数为 1 小时，第三个四分位数为 4 小时，四分位距为 3 小时。尽管在结果中，有很多同学填写了 16 个小时以上，我们从常理推断这些数值很可能是乱填的。但是采用四分位距获得的数值并不太受这些极端值的影响。在图 8-26 中，我们可以更直观地看到学生周末做校内作业时间的分布，其中花 2 小时做校内作业最为普遍，其次是 1 小时和 3 小时。

方法 3：使用［探索］菜单

选择［分析（A）］→［描述统计（E）］→［探索（E）...］（见图 8-27）后，弹出"探索"对话框。

图 8-27 ［探索］菜单

　　在"探索"对话框中有 3 个方框，第一个是［因变量列表（D）:］，从中可选择我们想要研究的变量，在本例中，即"过去一周里，你平均每天花多少时间写学校老师布置的作业（周六和周日，小时）［b14b1］"；第二个是［因子列表（F）:］，从中可选择用于分组的变量，在本例中并不需要分组，我们将在下一个例子中进行介绍；第三个是［个案标注依据（C）:］，从中可选择一个变量用于标注结果中的极值，如我们想要知道周末做课内作业的时间特别多或特别少（即极端值）的学生是否是独生子女，就可以把"你是独生子女吗［b01］"选入该方框（见图 8-28）。

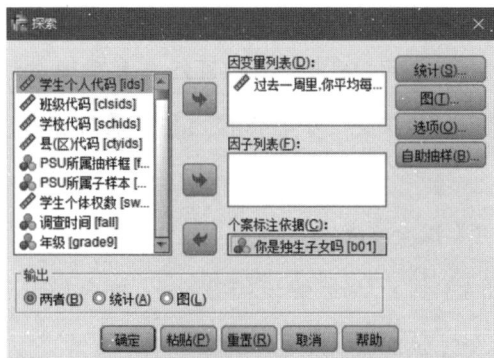

图 8-28 "探索"对话框

在"探索"对话框中点击［统计（S）...］按钮，出现"探索：统计"
对话框（见图8-29），在其中可选择描述、M-估计量、离群值和百分位数。
选中［描述（D）］，可以输出基本描述统计量，如平均值、中位数、方差、
标准差等。针对［平均值的置信区间（C）］，系统默认为95%。［M-估
计量］可以用来判别数据中有无明显异常值。如果其与离平均值和中数相
差较大，则说明数据中可能存在异常值。［离群值（O）］表示偏离的极
端数值。［百分位数（P）］会列出5，10，25，50，75，90，95百分位数。

在"探索"对话框中点击［统计（S）...］按钮，出现"探索：图"
对话框（见图8-30），勾选［直方图（H）］和［含检验的正态图（O）］。

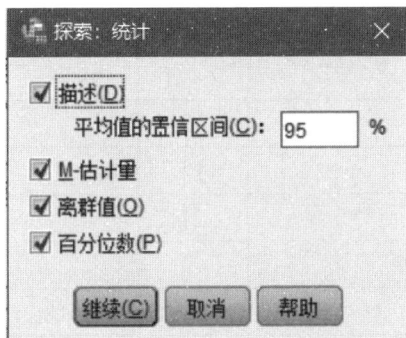

图 8-29　"探索：统计"对话框　　图 8-30　"探索：图"对话框

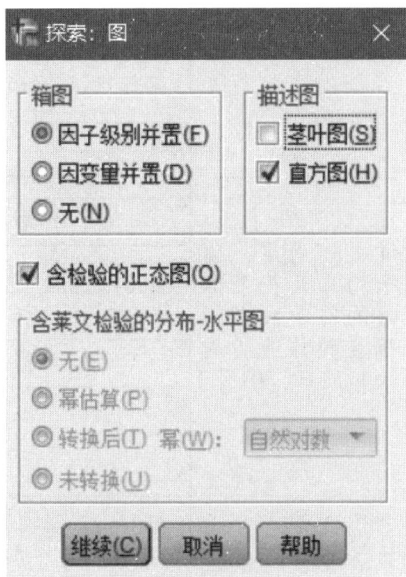

再点击［继续（C）］按钮回到图8-28所示的"探索"对话框，点击［确
定］按钮，结果如表8-15至表8-20、图8-31至图8-34所示。表8-15
和表8-16的结果与前面两种方法得到的结果是一致的。

表 8-15　探索结果摘要

题项	个案					
	有效		缺失		总计	
	个案数	百分数	个案数	百分数	个案数	百分数
过去一周里，你平均每天花多少时间写学校老师布置的作业，（周六和周日，小时）	19 036	97.7	451	2.3	19 487	100.0

表 8-16　描述统计结果

题项	描述		统计	标准误差
过去一周里，你平均每天花多少时间写学校老师布置的作业（周六和周日，小时）	平均值		2.82	0.018
	平均值的95%置信区间	下限	2.78	
		上限	2.85	
	5%剪除后平均值		2.56	
	中位数		2.00	
	方差		6.104	
	标准差		2.471	
	最小值		0	
	最大值		24	
	全距		24	
	四分位距		3	
	偏度		2.572	0.018
	峰度		12.951	0.036

针对表 8-17 的 M 估计，有 4 种估计方法：休伯 M 估计量、图基双权、汉佩尔 M 估计量、安德鲁波。这 4 种估计方法分别是 Huber, Tukey, Hampel 和 Andrew 4 个人提出来的。其中，休伯 M 估计量比较适合接近

于正态分布的数据，其余的方法比较适合数据中有较多极端值的情况。利用这 4 种方法获得的数据均比平均值小，说明在数值较大的方向存在极端值，在箱图（见图 8-34）中也证实了这一点。

表 8-17　M 估计结果

题项	休伯 M 估计量[a]	图基双权[b]	汉佩尔 M 估计量[c]	安德鲁波[d]
过去一周里，你平均每天花多少时间写学校老师布置的作业（周六和周日，小时）	2.36	2.17	2.34	2.17

注：a 表示加权常量为 1.339；b 表示加权常量为 4.685；c 表示加权常量为 1.700，3.400 和 8.500；d 表示加权常量为 1.340×pi。

表 8-18 百分位数结果列出了 5，10，25，50，75，90，95 百分位数，第一行是采用加权平均方法计算得出的结果，第二行是采用图基枢纽方法计算得到的 Q1，Q2，Q3 的结果。

表 8-18　百分位数结果

题项		百分位数						
		5	10	25	50	75	90	95
加权平均（定义1）	过去一周里，你平均每天花多少时间写学校老师布置的作业（周六和周日，小时）	0.00	0.00	1.00	2.00	4.00	5.00	7.00
图基枢纽	过去一周里，你平均每天花多少时间写学校老师布置的作业（周六和周日，小时）			1.00	2.00	4.00		

表 8-19 展示了最高的 5 个极值和最低的 5 个极值。由于最高值和最低值都多于 5 个，并没有将所有的极值都罗列出来。"个案号"代表是第几个个案；由于我们在 [个案标注依据（C）:] 中选择了"你是独生子女吗"，在极值中列出了"你是独生子女吗"；最后一列"值"表示极值的具体数值，最高的极值为 24，最低的极值为 0。

表 8-19　极值结果

题项			个案号	你是独生子女吗	值
过去一周里，你平均每天花多少时间写学校老师布置的作业（周六和周日，小时）	最高	1	86	是	24
		2	554	是	24
		3	1283	是	24
		4	1980	不是	24
		5	2555	不是	24[a]
	最低	1	19457	是	0
		2	19442	是	0
		3	19373	不是	0
		4	19346	是	0
		5	19308	是	0[b]

注：a 表示在较大极值的表中，仅显示了不完整的个案列表（这些个案的值为 24）；b 表示在较小极值的表中，仅显示了不完整的个案列表（这些个案的值为 0）。

表 8-20 正态性检验结果显示，显著性为 0.000 < 0.05，说明不符合正态分布。如果显著性 > 0.05，则说明数据符合正态分布。由于通过问卷调查获得的数据很难保证其的正态性，而正态性检验的判断标准比较严格，在数据分析时更推荐使用直方图（见图 8-31）或 Q-Q 图（见图 8-32、图 8-33）来判断正态性。当数据基本满足正态性特征即可接受其为正态分布。在图 8-32 所示的正态 Q-Q 图中，斜线表示正态分布的标准线，点表示实际数据分布。各点的分布越接近斜线，说明数据越接近正态分

布。在本例中，点的分布与斜线的拟合度不是很好，说明正态分布不明显。图 8–33 所示的去趋势正态 Q–Q 图反映了按正态分布极端的理论值和实际值之间的差的分布情况。数据越接近正态分布，数据点的分布离中间的横线越近。在本例中，数据点大部分远离中间的标准线，说明正态分布不明显。

表 8–20 正态性检验结果

题项	柯尔莫戈洛夫 – 斯米诺夫 [a]		
	统计	自由度	显著性
过去一周里，你平均每天花多少时间写学校老师布置的作业（周六和周日，小时）	0.190	19 036	0.000

注：a 表示里利氏显著性修正。

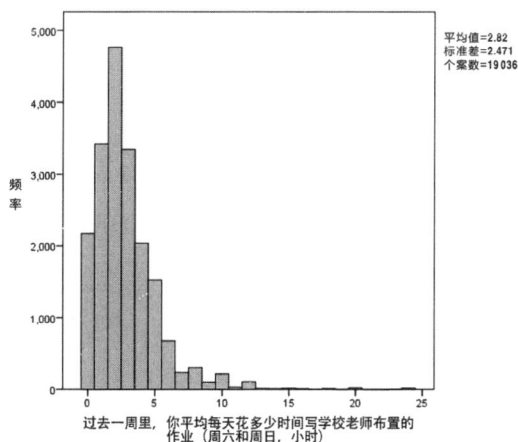

图 8–31 直方图

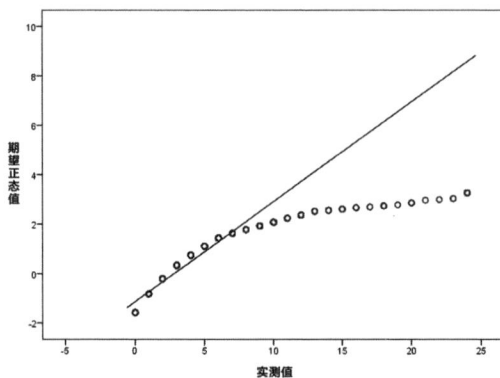

图 8-32　正态 Q-Q 图

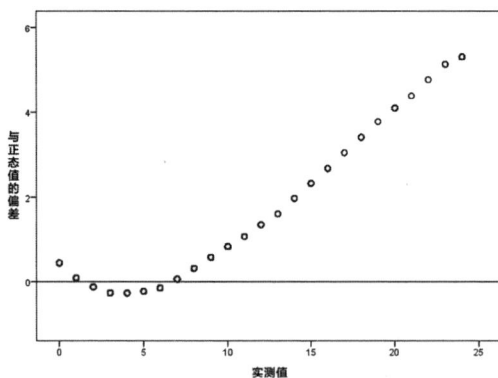

图 8-33　去趋势正态 Q-Q 图

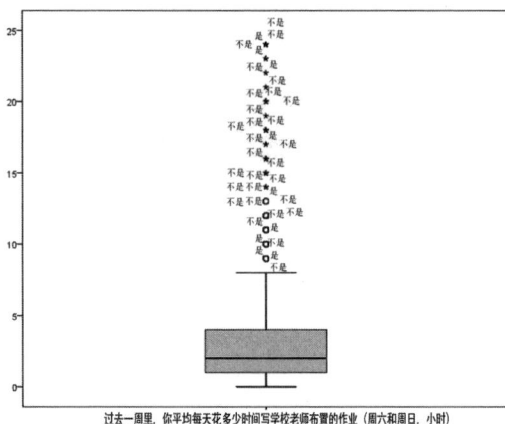

过去一周里，你平均每天花多少时间写学校老师布置的作业（周六和周日，小时）

图 8-34　箱图

在图 8-34 所示的箱图中，用圆点和星号（＊）标出的点都是极端值，其中圆点表示该值距离箱子边缘超过 1.5 倍箱身长度，星号则表示该值距离箱子边缘超过 3 倍箱身长度。由于我们选择了"你是独生子女吗"作为个案标注依据，在图中会使用是否是独生子女来标记极端值，如果我们不选择个案标注依据，图中就会使用个案编号作为标记（见实例 8-5 的方法 2）。在进一步处理的时候，可以考虑删除这些极端数据。在本例中，选择使用个案标注依据的意义不是太大，因此一般在具体操作时，不选择个案标注依据。

实例 8-6：不同性别的认知分数

在本例中，我们分别描述男生与女生的认知分数。

选择［分析（A）］→［描述统计（E）］→［探索（E）...］（见图 8-27），则弹出"探索"对话框。将变量"认知能力测试标准化得分（使用 3PL 模型）［cog3pl］"选入［因变量列表（D）：］下面的方框，将变量"你的性别是［a01］"选入［因子列表（F）：］下面的方框（见图 8-35）。在本例中不再选择个案标注依据，因此不再选择［个案标注依据（C）：］

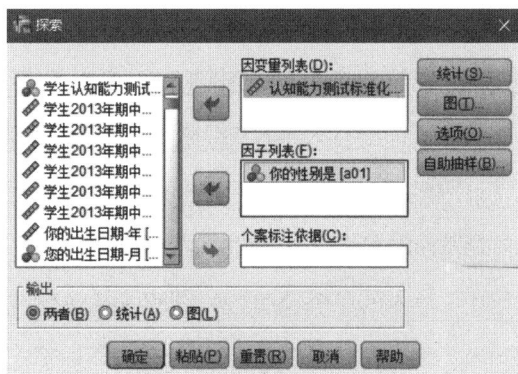

图 8-35 "探索"对话框

后面方框中的任何变量。对于［探索：统计］和［探索：图］的操作同实例 8-5 的方法 3（见图 8-29、图 8-30），再点击［确定］按钮，输出结果如表 8-21 至表 8-26、图 8-36 至图 8-42 所示。

从表 8-21 中可以看到，男生有 9875 人，女生有 9341 人，在认知能力测试标准化得分中，并不存在缺失值。

表 8-21　探索结果摘要

变量	你的性别是	个案					
		有效		缺失		总计	
		个案数	百分比	个案数	百分比	个案数	百分比
认知能力测试标准化得分（使用 3PL 模型）	男	9875	100.0%	0	0.0%	9875	100.0%
	女	9341	100.0%	0	0.0%	9341	100.0%

从表 8-22 中可以看到，男生的认知能力测试标准化得分的平均值为 -0.0049±0.008 88，中位数为 -0.0278，方差为 0.779，标准差为 0.882 60，最小值 -2.03，最大值为 2.71，全距为 4.74，四分位数为 1.23，偏度为 0.123>0，为正偏态，峰度为 -0.394<0，与正态分布相比较为平坦。偏度与峰度离 0 的距离都比较近，说明比较接近正态分布。女生的认知能力测试标准化得分的平均值为 0.0168±0.008 69，中位数为 -0.0067，方差为 0.706，标准差为 0.84017，最小值为 -2.03，最大值为 2.71，全距为 4.74，四分位数为 1.19，偏度为 0.066>0，为正偏态，峰度为 -0.430<0，与正态分布相比较为平坦。偏度与峰度离 0 的距离都比较近，说明比较接近正态分布。

表 8-22　描述统计结果

变量	你的性别是		统计	标准误差
认知能力测试标准化得分(使用 3PL 模型)	男	平均值	−0.0049	0.008 88
		平均值的95%置信区间　下限	−0.0223	
		平均值的95%置信区间　上限	0.0125	
		5% 剪除后平均值	−0.0118	
		中位数	−0.0278	
		方差	0.779	
		标准差	0.882 60	
		最小值	−2.03	
		最大值	2.71	
		全距	4.74	
		四分位数	1.23	
		偏度	0.123	0.025
		峰度	−0.394	0.049
	女	平均值	0.0168	0.008 69
		平均值的95%置信区间　下限	−0.0002	
		平均值的95%置信区间　上限	0.0339	
		5% 剪除后平均值	0.0129	
		中位数	−0.0067	
		方差	−0.706	
		标准差	0.840 17	
		最小值	−2.03	
		最大值	2.71	
		全距	4.74	
		四分位数	1.19	
		偏度	0.066	0.025
		峰度	−0.430	0.051

在表 8-23 中罗列了休伯 M 估计量、图基双权、汉佩尔 M 估计量、安德鲁波等 4 个估计量，无论是男生还是女生，M 估计量均低于平均值。这说明在数值较大的方向存在极端值，在箱图（见图 8-42）中也证实了这一点。

表 8-23　M 估计量结果

变量	你的性别是	休伯 M 估计量[a]	图基双权[b]	汉佩尔 M 估计量[c]	安德鲁波[d]
认知能力测试标准化得分（使用 3PL 模型）	男	−0.0221	−0.0287	−0.0181	−0.0289
	女	0.0091	0.0056	0.0102	0.0055

注：a 表示加权常量为 1.339；b 表示加权常量为 4.685；c 表示加权常量为 1.700，3.400 和 8.500；d 表示加权常量为 1.340×pi。

表 8-24 百分位数结果列出了 5，10，25，50，75，90，95 百分位数，第一行是采用加权平均方法计算得出的结果，第二行是采用图基枢纽方法计算得到的 Q1，Q2，Q3 的结果。

表 8-24　百分位数结果

变量		你的性别是	百分位数						
			5	10	25	50	75	90	95
加权平均（定义1）	认知能力测试标准化得分（使用 3PL 模型）	男	−1.4299	−1.1516	−0.6301	−0.0278	0.6034	1.1776	1.5110
		女	−1.3353	−1.0913	−0.5844	0.0067	0.6080	1.1291	1.4148
图基枢纽	认知能力测试标准化得分（使用 3PL 模型）	男			−0.6301	−0.0278	0.6033		
		女			−0.5839	0.0067	0.6073		

表 8-25 展示了最高的 5 个极值和最低的 5 个极值。男生与女生的前 5 个最高值并不相同，因此，正好列出 5 个。而男生与女生的最低值多于 5 个，表中并没有将所有的极值都罗列出来。"个案号"代表是第几个个案，最后一列"值"表示极值的具体数值。其中，男生最高的极值为 4 个 2.71 和 1 个 2.59，最低的极值为 5 个 –2.03；女生最高的极值为 2 个 2.71、1 个 2.54 和 2 个 2.53，最低的极值为 5 个 –2.03。

表 8-25　极值结果

变量	你的性别是		个案号	值
认知能力测试标准化得分（使用 3PL 模型）	男	最高　1	2682	2.71
		2	3331	2.71
		3	4066	2.71
		4	15 391	2.71
		5	8944	2.59
		最低　1	18 565	–2.03
		2	17 288	–2.03
		3	17 215	–2.03
		4	14 657	–2.03
		5	14 524	–2.03[a]
	女	最高　1	3340	2.71
		2	6653	2.71
		3	15 721	2.54
		4	4062	2.53
		5	15 725	2.53
		最低　1	17 238	–2.03
		2	14 452	–2.03
		3	14 343	–2.03
		4	14 321	–2.03
		5	12 243	–2.03[a]

注：a 表示在较小极值的表中，仅显示了不完整的个案列表（这些个案的值为 –2.03）。

表 8-26 正态性检验结果显示，无论是男生还是女生，认知能力测试标准化得分的显著性均为 0.000<0.05，说明都未通过正态分布检验。而在图 8-36 和图 8-37 的直方图中，可以看到，男生与女生的认知能力测试标准化得分的直方图基本符合正态分布。在图 8-38 和图 8-39 男女生认知能力测试标准化得分的正态 Q-Q 图中可以看到，实际数据点分布在斜线附近，说明数据比较接近正态分布。在图 8-40 和图 8-41 男生与女生的认知能力测试标准化得分的去趋势正态 Q-Q 图中，大部分数据点也分布在中间横线附近，说明数据比较接近正态分布。

表 8-26　正态性检验结果

变量	你的性别是	柯尔莫戈洛夫 – 斯米诺夫 [a]		
		统计	自由度	显著性
认知能力测试标准化得分（使用 3PL 模型）	男	0.021	9875	0.000
	女	0.017	9341	0.000

注：a 表示里利氏显著性修正。

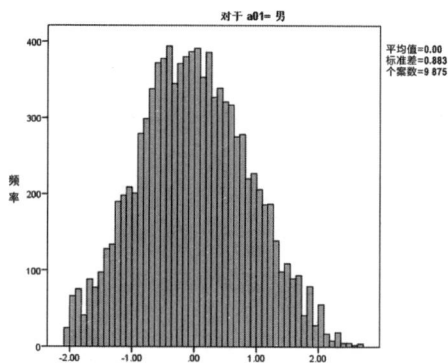

图 8-36　男生认知能力测试标准化得分直方图

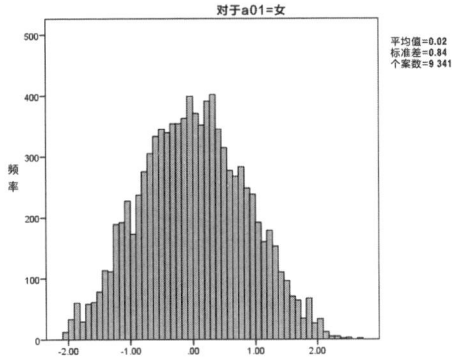

图 8-37 女生认知能力测试标准化得分直方图

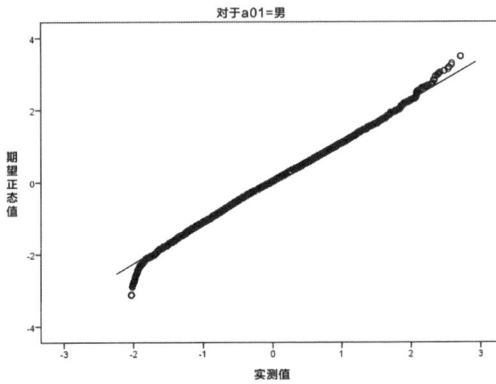

图 8-38 男生认知能力测试标准化得分正态 Q-Q 图

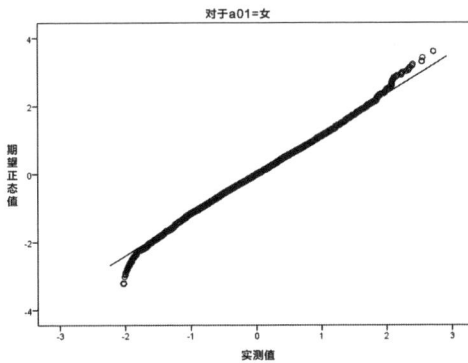

图 8-39 女生认知能力测试标准化得分正态 Q-Q 图

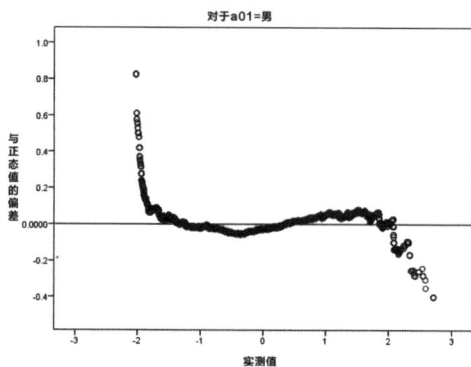

图 8-40　男生认知能力测试标准化得分去趋势正态 Q-Q 图

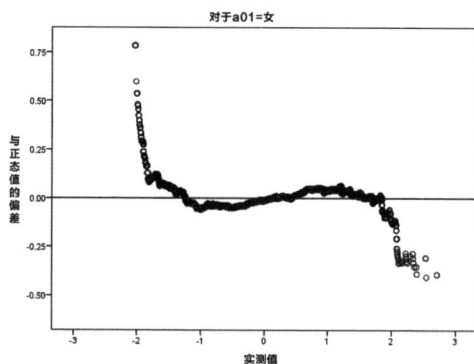

图 8-41　女生认知能力测试标准化得分去趋势正态 Q-Q 图

在图 8-42 的箱图中，我们可以看到，在上下两条横线以外的值都是极端值，并使用个案编号进行了标记。图 8-42 与图 8-34 的箱图相比，认知能力测试标准化得分的极端值的个数较少，偏离范围也小。

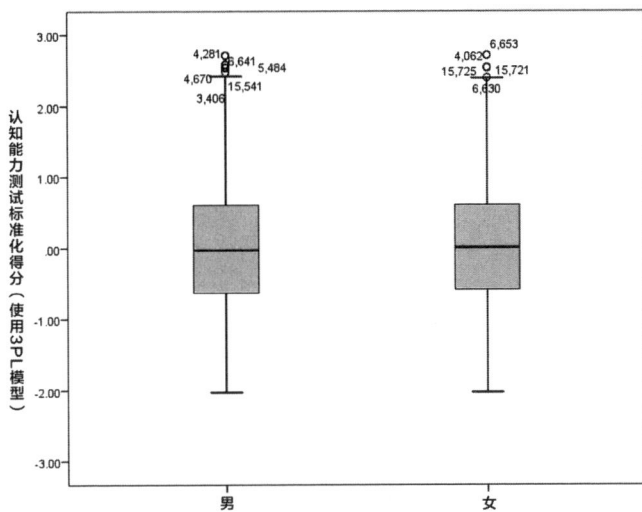

图 8-42 认知能力测试标准化得分箱图

第四节　交叉表

交叉表（Cross Tabulations）是一种常用的分类汇总表格。交叉表显示的数据非常直观明了，应用非常广泛。

表 8-27 展示了一个典型的交叉表，从这个交叉表中，我们可以看到每个学校的每个年级、每种性别、每个专业的人数和每个类别下的总人数。

表 8-27　调查对象人口统计学信息

变量	分类	学校				
		扬大	镇江高职	华政	二工大	总计
年级	一	97	104	0	75	276
	二	77	0	52	71	200
	三	99	0	62	44	205
性别	男	37	62	48	140	287
	女	236	42	66	50	394
专业	文科	207	0	114	0	321
	工科	0	104	0	190	294
	艺术	66	0	0	0	66
总计		273	104	114	190	681

节选自谢英香：《"90 后"大学生网络社交中信任关系的研究——一项教育社会学分析》华东师范大学 2013 年学位论文，第 23 页。

交叉表不仅展示了数据，也为后期的卡方检验等提供了基础（详见第三节）。

实例 8-7：不同性别的出生地

在本例中，采用"中国教育追踪调查（CEPS）"的学生数据展示了如何使用 SPSS 输出不同性别出生地的交叉表。

选择［分析（A）］→［描述统计（E）］→［交叉表（C）］（见图 8-43），在弹出的"交叉表"对话框中将"你的性别是［a01］"和"你的出生地是［a04］"分别放入［行（O）:］和［列（C）:］下面的方框中（见图 8-44）。随后，点击［单元格（E）］按钮，则出现"交叉表：单元格显示"对话框，再勾选［计数（T）］模块的［实测（O）］和［期望 E］，［百分比］模块的［行（R）］，点击［继续（C）］回到"交叉表"对话框。此时，点击［确定］按钮，即可得到卡方检验的结果（见表 8-28、表 8-29）。

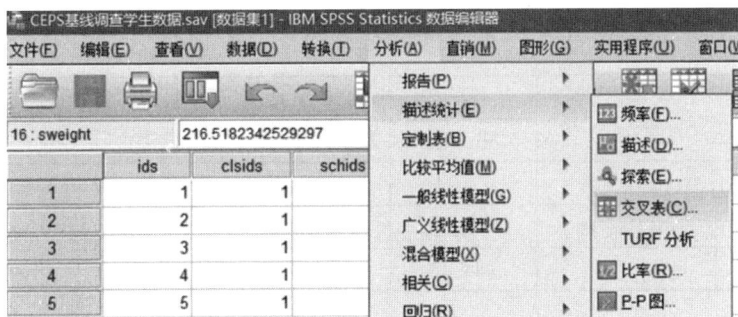

图 8-43　［交叉表］菜单

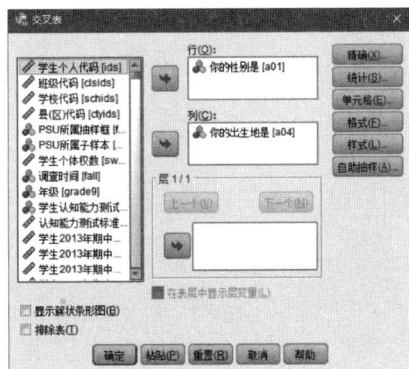

图 8-44　"交叉表"对话框

表 8-28 描述的有效样本为 18 868 个，占总体样本的 96.8%。

表 8-28 个案描述

变量	个案					
	有效		缺失		总计	
	N（个）	百分比（%）	N（个）	百分比（%）	N（个）	百分比（%）
你的性别是 你的出生地是	18 868	96.8	619	3.2	19 487	100.0

表 8-29 描述了男生与女生的出生地情况。从表中可以看到，男生的总体人数、本县（区）、外县（区）和不清楚出生地的均比女生的多。

表 8-29 交叉表

变量		计数			
		你的出生地是			总计
		本县（区）	外县（区）	不清楚	
你的性别是	男	7 194	2 114	376	9 684
	女	7 053	1 863	268	9 184
		14 247	3 977	644	18 868

第九章

常见推论统计方法

  问卷调查只能对调查对象的一部分群体（样本）进行调查，推论统计能够通过研究者调查的样本数据推论调查对象整体的情况。本章介绍了推论统计背后的基本原理，并介绍了几种常见的推论统计方法：相关分析、卡方检验、T 检验和单因素方差分析，以及这些统计方法在 SPSS 中如何实现。

在描述统计中，我们只能知道样本的分布情况，但是对于总体情况需要采用推论统计来进行推断。而对于两个群体的比较，我们不能简单地从描述统计（如平均值）的结果来进行，而需要从样本推论到总体，再判断这两个样本来自同一个总体的可能性有多大。举一个例子，假设我们采用罗森伯格（Rosenberg）的自尊量表（Self-Esteem Scale，SES）对两组同学的自尊进行了测量，结果如表 9-1 所示，从平均值来看，B组同学的更高。但是，如果我们调整一下顺序（见表 9-2）就会发现，除了一对同学的分数不同，其他同学的分数几乎是一一对应的。因此，我们无法判断这两组同学平均值的差异是因为误差造成的，还是因为确实是这两组同学之间存在真实的差异。这个时候就需要使用推论统计（如T 检验等）来帮助我们判断差异是否是因为随机误差造成的。

表 9-1　自尊量表结果

组别	量表得分						平均值
A 组	35	34	32	31	36	33	33.5
B 组	36	35	32	31	34	34	33.67

表 9-2　重新排序的自尊量表结果

组别	量表得分						平均值
A 组	35	34	32	31	36	33	33.5
B 组	35	34	32	31	36	34	33.67

第一节　假设检验

一、抽样分布与中央极限定理（Central Limit Theorem）

在问卷调查中，最理想的情况是调查所有的潜在调查对象（即总体），但实际上我们只能调查其中一部分对象（样本）。当我们调查了一个样本，该样本统计值（如样本的平均数）与总体参数（如总体的平均值）的差别是抽样误差。当样本统计值等于总体参数时，抽样误差为 0；当样本统计值小于总体参数时，抽样误差为负数；当样本统计值大于总体参数时，抽样误差为正数。假设我们可以从总体中无数次随机抽取样本，根据每一次抽取的样本得到的平均值会形成一个正态分布，该分布的平均值等于总体样本的平均值。这个统计原理叫中央极限定理，也是我们理解推论统计的一个重要基础。感兴趣的读者可以自己做一个小实验，从一个数据集中每次随机抽取 20% 的数据，抽取 100 次，获得 100 个样本，计算这 100 个样本的统计值（如平均值）的频率分布，看看是否呈正态分布。

如果样本量越大，样本平均值靠近总体平均值的可能性就越大。尽管我们并不知道总体的平均值是多少，但是如果我们知道总体的方差，就可以用这个样本平均值来估计总体的平均值。[①] 如果我们抽取很多样

---

① 具体计算公式可参见徐云杰：《社会调查设计与数据分析——从立意到发表》，重庆大学出版社2011年版，第81页。

本，得到每个样本的平均值，那么这些平均值的平均值就极有可能等于总体样本的平均值。但是实际上，我们往往只做一次调查，因此我们就要推测使用样本平均值来作为总体平均值的准确概率有多少，这时就需要进行区间估计（Interval Estimation），即总体平均值有多大的概率落在某个范围内。这个范围称为置信区间（Confidence Interval）。我们在统计中一般默认使用95%的置信区间，也就是说，总体平均值落在这个区间内的概率为95%，而落在这个区间外的概率为5%，即可能发生的概率很低。置信区间在假设检验中非常有用。

如果样本数太小或者总体方差未知，这个分布就不是标准的正态分布，而是t分布。t分布相较于正态分布更加扁平，且随着样本数的增加，当样本 n 大于30时，t分布与正态分布十分接近，因此 T 检验适应范围更广。在对数据进行分析时，常常用 T 检验来进行平均数的差异性检验。

二、假设检验

在统计检验中，会涉及计算检验统计量（Test Statistic）的问题。检验统计量的计算，是将样本上所观察到的统计量（如平均值）经过特定的数学转换，所获得的一个可以配合某一种抽样分布来检测该统计量意义的检验值，并据此决定研究员提出的假设是否成立。[①] 例如，在正态分布下检验 z 值（即 z 检验），而在 t 分布下检验 t 值（即 T 检验）。

在推论统计中，建立和检验统计假说都是十分重要的部分。在研究中，我们一般会在前人研究和理论的基础上提出一个研究假设 H_1，然后

---

①邱皓政：《量化研究与统计分析——SPSS(PASW)数据分析范例解析》，重庆大学出版社2013年版，第146页。

用统计的方法对假设进行检验。需要注意的是，在进行统计检验时，并非直接对研究假设进行检验，而是先提出虚无假设（Null Hypothesis）H_0（也叫零假设）。对虚无假设进行检验的结果有两种，即拒绝 H_0 或者接受 H_0。虚无假设 H_0 假设事件的发生是随机的，并没有特殊现象发生。若检验假设时发现 H_0 是真的，得到样本统计量的概率 p 非常小，则我们就拒绝 H_0，接受 H_1，否则就接受 H_0，拒绝 H_1。因此，H_0 和 H_1 一定是互斥的。例如，我们想调查男女生之间的数学成绩是否存在差异。我们的研究假设是男女生之间的数学成绩存在差异。我们在做假设检验时，H_0 表示男女生之间的数学成绩并不存在差异，即假设男女生来自同一个总体，样本之间的差异是由于抽样的随机误差引起的。如果通过统计检验发现，当 H_0 为真时，出现与该样本男女生数学成绩平均值之差相同的概率 p 很低（如 p 小于 0.05），那么男女生更可能来自不同的总体，此时拒绝 H_0，接受 H_1。也就是说，男女生之间的数学成绩在 0.05 水平上存在显著性差异。这有点像在法庭上我们一开始先假设犯罪嫌疑人是无罪的，但是在犯罪现场我们发现了一个物证，如果犯罪嫌疑人是无罪的，出现该物证的可能性非常低，那么就判定犯罪嫌疑人有罪（即拒绝 H_0，接受 H_1）。但这并不意味着这个犯罪嫌疑人一定有罪，只是我们认为错判的概率很小。

三、显著性水平

在发表的论文中我们常常会看到 p<0.05 这一表述，其中 p 表示 H_0 随机出现的概率，0.05 表示显著性水平（也叫 α 水平）。当 p<0.05 时，拒绝 H_0，此时，我们称假设检验的结果是显著的；当 p>0.05 时，接受 H_0，这时，假设检验的结果是不显著的。

由于显著性水平是假设检验的判断依据，显著性水平的高低会影响假设检验是接受还是拒绝 H_0 的概率。如果显著性水平很高（例如 $\alpha = 0.10$），检验统计量比较容易拒绝 H_0，该显著性水平的标准就比较宽松；而如果显著性水平很小（例如 $\alpha = 0.01$ 或 0.001），此时，检验统计量不容易拒绝 H_0，该标准就比较严格。一般默认 95% 置信区间，此时，$\alpha = 0.05$（即 5%）。一般不鼓励采用显著性水平大于 0.05 的宽松标准，因为这样容易存在夸大研究发现的嫌疑。如果情况特殊（例如有不得已的苦衷导致样本太小），则可以考虑使用较为宽松的水平（$\alpha = 0.1$），此时，我们称假设检验的结果边缘显著。在检验统计量上，一般通过在右上角标注"+"或"*"来显示显著性水平。当 $\alpha = 0.05$ 时，一般在检验统计量的右上角标注"*"；当 $\alpha = 0.01$ 时，一般在检验统计量的右上角标注"**"；当 $\alpha = 0.001$ 时，一般在检验统计量的右上角标注"***"。

较为常用的推论统计包括相关分析、卡方检验、T 检验和方差检验。

第二节　相关分析

相关分析是揭示变量之间是否存在相关关系的统计技术。通常我们讨论的是线性相关。对于曲线相关或者 U 形相关等复杂的相关关系需要进行数据转换或使用其他更复杂的方法，本书不展开具体讨论。

一、相关关系

相关关系有 3 种，分别是正相关、负相关和无相关。如果两个变量中的其中一个变量增加，另一个变量也随之增加，即两个变量变化的方向相同，那么这两个变量之间就存在正相关关系。例如，学生在学习上投入的时间与学习成绩存在正相关关系，在学习上投入的时间越长，学习成绩就越好。如果两个变量中的一个变量增加，另一个变量随之减少，即两个变量变化的方向相反，那么这两个变量之间就存在负相关关系。例如，学生玩游戏的时间与学习成绩存在负相关关系，玩游戏的时间越长，学习成绩就越差。如果两个变量中的一个变量增加，另一个变量并没有随之发生变化，那么这两个变量之间无相关关系。例如，身高与学习成绩无相关。在《我国初中生学业负担水平与差异分析——基于CEPS2015 数据的实证研究》这篇论文中，对初中生学业负担的主观感受和初中生客观学业负担进行了相关分析，研究发现，初中生客观学业负担与主观学业负担呈负相关关系，即校内作业的完成时间、校外作业的完成时间、上课外辅导班的时间、上兴趣特长班的时间越长，学生学习语文、数学和英语时主观上感觉越不吃力。[①]

二、相关系数

相关程度的大小我们用相关系数 r 来表示，r 的数值介于 –1 与 1 之间。r>0 表示正相关，r<0 表示负相关，r=0 表示无相关。在我们实际的调查研究中，完全的正相关（r=1）、完全的负相关（r=–1）和完全的无相关（r=0）是很少的。对于相关系数的评价并没有绝对的标准，一般认为，相关系数的绝对值小于 0.25 是比较弱的相关，相关系数的绝对值在 0.25—0.5 之间是一般程度的相关，相关系数的绝对值大于 0.5 且小于等于 0.75 可视为中等至较高的相关关系，相关系数的绝对值在 0.75 以上是强相关。

同样，相关性的统计结果可能存在偶然情况，我们需要用统计检验来判断相关是否是抽样误差造成的。这时，虚无假设 H_0 为 r=0，即两个变量之间不存在相关关系。

需要注意的是，相关系数的显著性并不能决定相关程度的强弱。相关系数的显著性对样本量的大小非常敏感。在样本量很大的情况下，可能会出现相关系数很小、显著性水平很高的情况。如果相关系数很大，而显著性水平很低，则有可能是由于误差或极端数据造成的，并无实际的意义。

---

①薛海平、张媛：《我国初中生学业负担水平与差异分析——基于CEPS2015数据的实证研究》，《首都师范大学学报(社会科学版)》2019年第5期，第147—166页。

三、相关分析方法

在进行相关系数的计算时，有 3 种比较常见的相关系数计算方法：皮尔逊（Pearson）相关、斯皮尔曼（Spearman）等级相关、肯德尔（Kendall）相关。这 3 种方法的适用范围各不相同。

当数据是连续变量，并且满足正态分布时，使用皮尔逊相关方法计算系数，如身高和体重之间的相关、两次考试成绩之间的相关。当数据不满足正态分布，或是顺序变量时，则使用斯皮尔曼等级相关方法计算，如两次考试的排名之间的相关。肯德尔相关方法主要用于研究评分数系数据的一致性水平，如评委打分之间的关系。

四、SPSS 实例讲解

我们采用"中国教育追踪调查（CEPS）"的学生数据进行演示。

实例 9-1：看课外书与学习成绩的相关性分析

数据打开的步骤详见第八章第二节。选择 [分析（A）] → [相关（C）] → [双变量（B）...]（见图 9-1），在弹出的"双变量相关性"对话框中，将"在过去的周一到周五，你平均每天的时间安排（读课外书，小时）[b15d1]"与"你目前的成绩在班里处于 [c12]"两个变量选入 [变量（V）:] 下面的方框（见图 9-2）。由于 c12 是顺序变量①，我们在 [相关系数] 栏勾选 [斯皮尔曼（S）]，显著性检验选择默认的 [双尾（T）]，再勾选 [标记显著性相关性（F）]，点击 [确定] 按钮即可。结果如表 9-3 所示。

---

①该变量是顺序变量，但在数据库中被标记成了名义变量，这并不影响最终统计的结果。

图 9-1　［相关］菜单

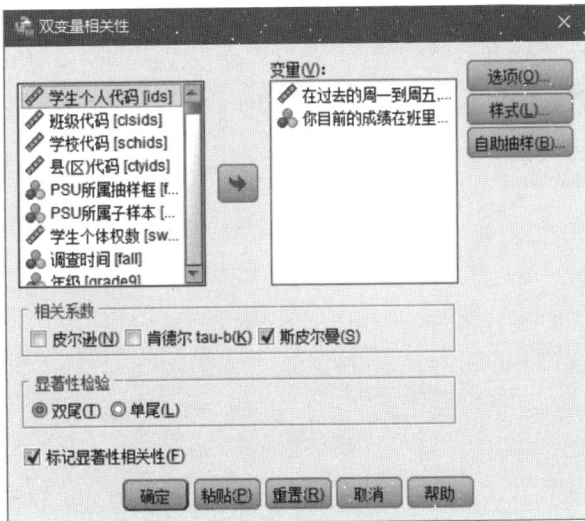

图 9-2　"双变量相关性"对话框

表9-3　相关结果

变量			在过去的周一到周五，你平均每天的时间安排（读课外书，小时）	你目前的成绩在班里处于
斯皮尔曼Rho	在过去的周一到周五，你平均每天的时间安排（读课外书，小时）	相关系数	1.000	0.016*
		显著性（双尾）		0.033
		个案数	18 958	18 882
斯皮尔曼Rho	你目前的成绩在班里处于	相关系数	0.016*	1.000
		显著性（双尾）	0.033	
		个案数	18 882	19 385

注：* 表示在 0.05 级别（双尾），相关性显著。

在表9-3中，显示了相关系数为 0.016，显著性 p 为 0.033，在 0.05 的水平上相关性显著，因此在 0.016 的右上角有个"*"标注。这说明，平时阅读课外书的时长与成绩关系在 0.05 的水平上存在显著相关，尽管这个相关性比较弱，但是两者的相关关系是比较稳定的，不是由于随机误差造成的。

第三节　卡方检验

在问卷调查中，对于分类变量的研究比较常用的方法是卡方检验。卡方检验是一种非参数检验，并不要求数据总体的分布符合某种特定形态，因此，卡方检验的应用范围比较广。对于以频次形式统计的数据，只能采用卡方检验来检验差异的显著性。例如，想要比较男生和女生打游戏的比例就可以采用卡方检验来进行。

由于计数数据通常用交叉表来呈现，卡方检验也称为交叉表分析。

一、卡方检验的基本假设

尽管卡方检验对数据的总体分布没有要求，但是在卡方检验中，要求每个变量之间相互独立，变量的分类必须相互排斥，并且互不包容，即任意一个变量值只能被划分到一个类别中。

此外，卡方检验还要求在交叉表中，每一个单元格中的期望次数不能太小，通常需要 80% 以上的单元格期望值至少在 5 个以上，否则卡方检验结果的偏差会非常明显。当某一类别单元格中人数太少时，可以采用合并单元格或者增加样本数的方法来解决。例如，在学历类别中，如果博士研究生的人数过少，可以将硕士研究生与博士研究生两种类别合并为研究生来进行分析。

二、SPSS实例详解

我们采用"中国教育追踪调查（CEPS）"的学生数据来进行演示。

实例9-2：独生子女的人数差异检验

在本例中，我们要研究调查样本中独生子女与非独生子女的人数是否存在差异。

数据打开的步骤详见第八章第二节。选择［分析（A）］→［非参数检验（N）］→［旧对话框（L）］→［卡方（C）...］（见图9-3），在弹出的"卡方检验"对话框中，将变量"你是独生子女吗［b01］"选入［变量（V）:］下面的方框（见图9-4），再点击［确定］按钮，

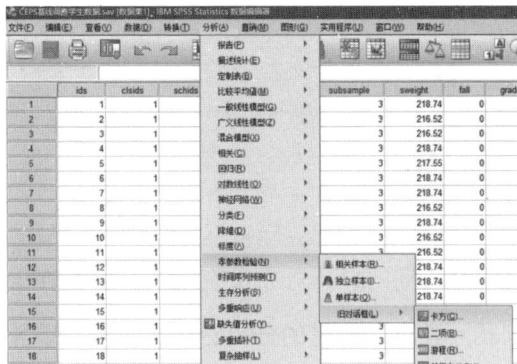

图9-3　［卡方］菜单

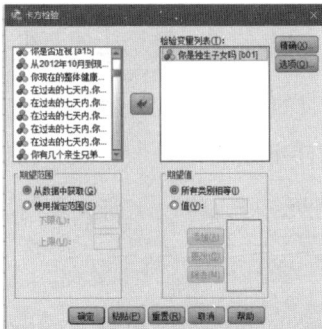

图9-4　"卡方检验"对话框

得到的结果如表9-4和表9-5所示。

表9-4　独生子女频率分布表

你是独生子女吗			
回答	实测个案数	期望个案数	残差
是	8458	9741.0	−1283.0
不是	11 024	9741.0	1283.0
总计	19 482		

表9-5　卡方检验结果

项目	你是独生子女吗
卡方	337.971[a]
自由度	1
渐近显著性	0.000

注：a表示0个单元格（0.0%）的期望频率低于5。期望的最低单元格频率为9741.0。

从表9-4中可以看到，在调查样本中，有8458个独生子女，有11 024个非独生子女。期望的个案数表示如果独生子女与非独生子女的人数没有差别，理想的人数为各9741人。残差代表了实测个案数与期望个案数之间的人数差异。在表9-5卡方检验结果中，可以看到卡方值为337.971，由于变量只有两个，自由度为1（关于自由度的意义和计算，可参照相关统计书[1]），显著性 $p=0.000<0.001$。这说明，独生子女与非独生子女的人数在0.001的水平上存在显著差异。

---

①Barry H. Cohen：《心理统计学》，高定国，等，译，华东师范大学出版社2011年版，第72页。

实例 9-3：父母管教的性别差异

卡方检验还可以比较不同组的人数百分比。在本例中，我们要研究父母在作业和考试方面的管教比例是否存在性别差异。

选择［分析（A）］→［描述统计（E）］→［交叉表（C）］（见图 9-5），在弹出得"交叉表"对话框中将"你的性别是［a01］"和"你的父母在以下方面管你严不严——作业、考试［b2301］"分别放入［行（O）:］和［列（C）:］下面的方框中，并勾选［显示簇状条形图（B）］（见图 9-6）。随后，点击［统计］按钮，出现"交叉表：统计"对话框，勾选［卡方（H）］（见图 9-7），点击［继续（C）］回到［交叉表］对话框。点击［单元格（E）］按钮，出现"交叉表：单元格显示"对话框（见图 9-8），勾选［计数（T）］模块的［实测（O）］和［百分比］模块的［行（R）］［列（C）］［总计（T）］，再点击［继续（C）］回到"交叉表"对话框。最后点击［确定］按钮，得到卡方检验的结果如表 9-6 至表 9-8、图 9-9 所示。

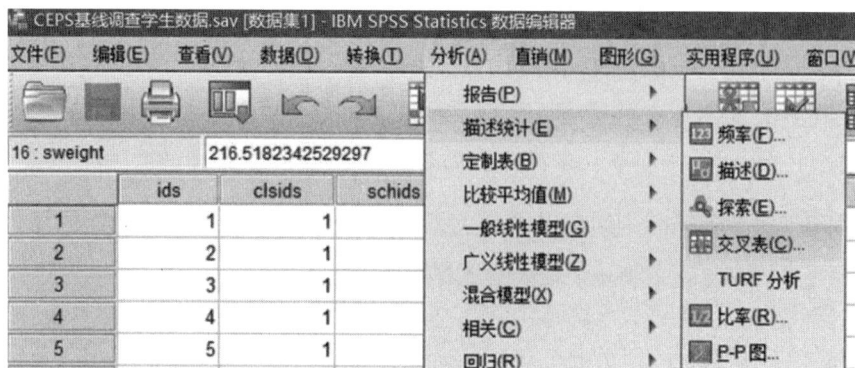

图 9-5　［交叉表］菜单

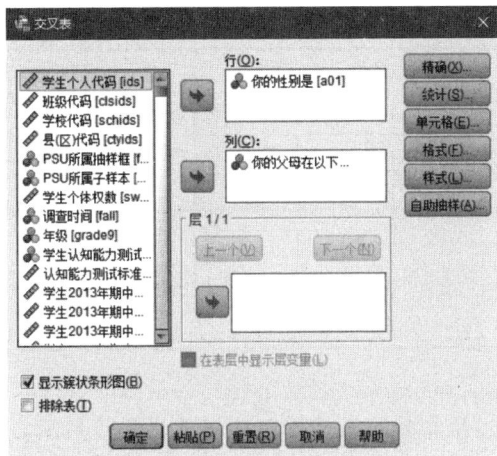

图 9-6　"交叉表"对话框

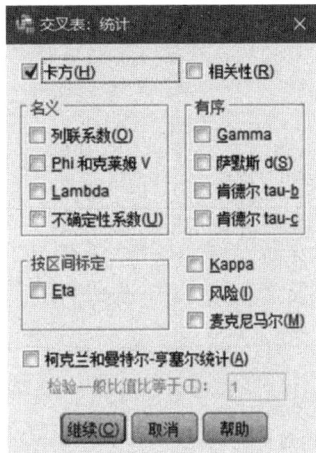

图 9-7　"交叉表：统计"
对话框

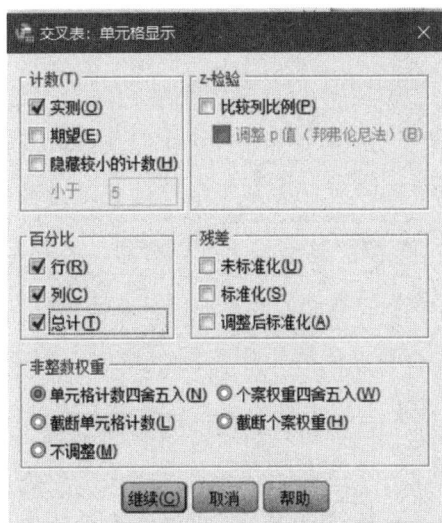

图 9-8　"交叉表：单元格显示"对话框

在表 9-6 中显示了有效样本数为 19 143 个, 占总体样本的 98.2%。

表 9-6　个案描述

变量	个案					
	有效		缺失		总计	
	N（个）	百分比（%）	N（个）	百分比（%）	N	百分比（%）
你的性别是？你的父母在以下方面管你严不严——作业、考试	19 143	98.2	344	1.8	19 487	100.0

在表 9-7 中展示了性别与父母管教的交叉情况, 以及每种情况所占的百分比。从表格中可以看到, 总共有 9831 个男生, 其中 304 个男生的父母不管孩子的作业和考试, 占男生父母总数的 3.1%, 占所有不管孩子作业和考试的父母总数的 53.5%, 占所有孩子父母总数的 1.6%; 有 4545 个男生的父母管孩子的作业和考试, 但管得不严, 其占男生父母总数的 46.2%, 占所有管孩子但不严的父母总数的 50.0%, 占所有孩子的父母总数的 23.7%; 有 4982 个男生的父母对孩子的作业和考试管得很严, 占男生父母总数的 50.7%, 占所有管孩子很严的父母总数的 52.6%, 占所有孩子的父母总数的 26.0%。从表格中可以看到, 总共有 9312 个女生, 其中 264 个女生的父母不管孩子的作业和考试, 占女生父母总数的 2.8%, 占所有不管孩子作业和考试的父母总数的 46.5%, 占所有孩子父母总数的 1.4%; 有 4551 个女生的父母管孩子的作业和考试, 但管得不严, 其占女生父母总数的 48.9%, 占所有管孩子但不严的父母总数的 50.0%, 占所有孩子的父母总数的 23.8%; 有 4497 个女生的父母对孩子的作业和考试管得很严, 占女生父母总数的 48.3%, 占所有管孩子很严的父母总数的 47.4%, 占所有孩子的父母总数的 23.5%。从表格中还可以看到,

总共有568个孩子的父母不管孩子的作业和考试，占孩子父母总数的3.0%；有9096个孩子的父母管孩子的作业和考试，但管得不严，占孩子父母总数的47.5%；有9479个孩子的父母对孩子的作业和考试管得很严，占孩子父母总数的49.5%。

表9-7 性别与父母管教交叉表

变量			你的父母在以下方面管你严不严——作业、考试			总计
			不管	管，但不严	管得很严	
你的性别是	男	计数（个）	304	4545	4982	9831
		占"你的性别是"的百分比（%）	3.1	46.2	50.7	100.0
		占"你的父母在以下方面管你严不严——作业、考试"的百分比（%）	53.5	50.0	52.6	51.4
		占总的百分比（%）	1.6	23.7	26.0	51.4
	女	计数（个）	264	4551	4497	9312
		占"你的性别是"的百分比（%）	2.8	48.9	48.3	100.0
		占"你的父母在以下方面管你严不严——作业、考试"的百分比（%）	46.5	50.0	47.4	48.6
		占总的百分比（%）	1.4	23.8	23.5	48.6
总计		计数（个）	568	9096	9479	19 143
		占"你的性别是"的百分比（%）	3.0	47.5	49.5	100.0
		占"你的父母在以下方面管你严不严——作业、考试"的百分比（%）	100.0	100.0	100.0	100.0
		占总的百分比（%）	3.0	47.5	49.5	100.0

表 9-8 为卡方检验结果。从结果中可以看到：卡方值为 13.575，显著性 p=0.001<0.01，说明父母对孩子在作业和考试方面的管教比例在 0.01 的水平上存在显著的性别差异。从图 9-9 卡方检验结果条形图中可以看到，男生的父母管教严格的比例高于女生的父母。

表 9-8　卡方检验结果

项目	值	自由度	渐进显著性（双侧）
皮尔逊卡方	13.575[a]	2	0.001
似然比	13.577	2	0.001
线性关联	7.019	1	0.008
有效个案数	19143		

注：a 表示 0 个单元格（0.0%）的期望计数小于 5。最小期望计数为 276.30。

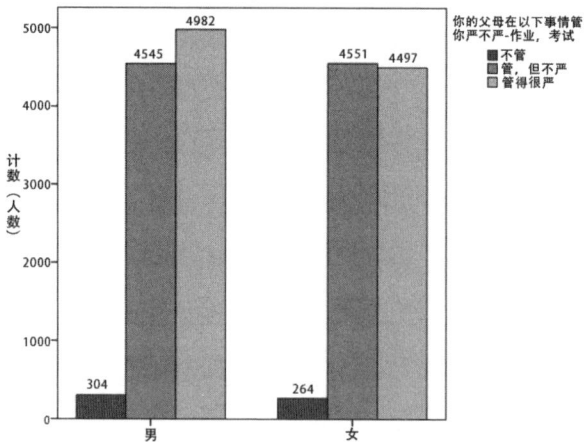

图 9-9　卡方检验结果条形图

第四节 T 检验

T 检验能够帮助我们对两组数据的平均值进行比较。[①]通过 T 检验，我们可以判断两组数据的平均值在统计上是否存在显著性差异。T 检验有单样本 T 检验、独立样本 T 检验和成对样本 T 检验 3 种。单样本 T 检验主要用于比较样本与某个值，例如，用李克特量表调查对某课程的满意度评价与满意（4 分）之间的差异；独立样本 T 检验用来比较两个样本之间的差异，例如，男生与女生之间的成绩差异；成对样本 T 检验也叫配对样本 T 检验，是指两个配对样本之间的差异，与独立样本 T 检验相比，成对样本 T 检验要求样本量相同，且一一对应，例如，比较学生在做心理干预之前的心理健康水平与做心理干预之后的心理健康水平之间的差异。

在调查问卷中，我们用得比较多的是独立样本 T 检验。

一、T 检验的基本假设

进行 T 检验时，对进行平均值比较的数据有一定的要求。进行样本平均值比较的数据必须是连续变量，并且样本平均值的抽样分布应符合

[①]李文玲、张厚粲、舒华：《教育与心理定量研究方法与统计——SPSS实用指导》，北京师范大学出版社2009年版，第117页。

正态分布，方差应具有同质性（即方差齐性）。一般采用莱文方差同等性检验(Levene's Test for Equality of Variances)来判断样本方差是否同质。如果方差不具有同质性，则需要对 t 值进行校正。

T 检验的分组变量可以是离散变量也可以是连续变量。如果是离散变量，只能有两组，如果超过两组就需要用方差分析（见第五节）；如果是连续变量，则可以采用特定数值将数据分为两组。例如，将学生的分数分成两组，将高于平均值（或中位数）的分数作为高分组，将低于平均值（或中位数）的分数作为低分组。

二、SPSS 实例讲解

下面我们采用"中国教育追踪调查（CEPS）"的学生数据进行演示。

实例 9-4：性别认知能力差异检验

在本例中，我们要研究男女生的认知能力标准化得分是否存在差异。

数据打开的步骤详见第八章第二节。选择［分析（A）］→［比较平均值（M）］→［独立样本 T 检验...］（见图 9-10），在弹出的"独立样本 T 检验"对话框中，将变量"认知能力测试标准化得分（使用3PL 模型）［cog3pl］"选入［检验变量（T）:］下面的方框，将变量"你的性别是［a01］"选入［分组变量（G）:］下面的方框（见图 9-11），再点击［定义组（D）...］按钮。由于性别是类别变量，1 表示男性，2 表示女性，可以直接在"定义组"对话框中选择［使用指定的值（U）］，在［组 1:］右边的方框中输入"1"，在［组 2:］右边的方框中输入"2"（见图 9-12），点击［继续（C）］和"独立样本 T 检验"对话框中的［确定］按钮，结果如表 9-9、表 9-10 所示。

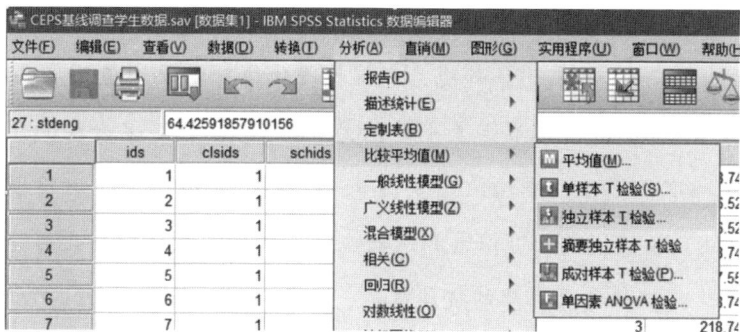

图 9-10　［独立样本 T 检验］菜单

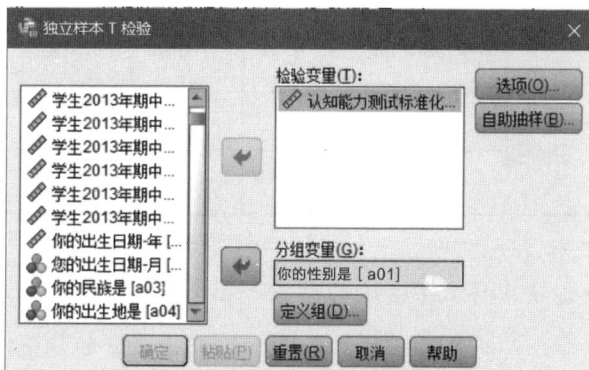

图 9-11　"独立样本 T 检验"对话框

图 9-12　"定义组"对话框

在表9-9中描述了男女生的认知能力测试标准化得分。从表格中可以看到，9875名男生的认知能力测试标准化得分的平均值为 -0.0049，标准差为 0.882 60，标准误差平均值为 0.008 88；9341名女生的认知能力测试标准化得分的平均值为 0.0618，标准差为 0.840 17，标准误差平均值为 0.008 69。我们可以看到，女生的认知能力测试标准化得分比男生的高，但这仅仅是简单的描述统计，我们不能立刻下判断认为女生的认知能力高于男生。

表9-9　统计表

变量	你的性别是	个案数	平均值	标准差	标准误差平均值
认知能力测试标准化得分（使用3PL模型）	男	9875	−0.0049	0.882 60	0.008 88
	女	9341	0.0168	0.840 17	0.008 69

表9-10是独立样本T检验的结果。在检验结果中有两行T值，第一行是假定等方差的结果，第二行是不假定等方差的结果。我们要先看莱文方差等同性检验的结果。如果莱文方差等同性检验的结果是显著的（即显著性 $p<0.05$），说明样本方差不齐性，这时T检验的结果就要参考不假定等方差这一行的结果。如果莱文方差等同性检验的结果是不显著的（即显著性 $p>0.05$），说明样本方差齐性，这时T检验的结果就要参考假定等方差这一行的结果。在该结果中，认知能力测试标准化得分的莱文方差等同性检验结果中的F值为 21.008[①]，显著性 $p=0.000<0.001$，即统计检验的结果在 0.001 的水平上显著，说明方差不齐性，应参照不假定等方差这一行的结果。从结果中可以看到，对于认

---

①莱文方差等同性检验的抽样分布为F分布。

知能力测试标准化得分，T 值为 –1.747，自由度为 19213.232，显著性 p=0.081>0.05，并未达到显著性差异。因此，男女生的认知能力测试标准化得分在 0.05 的水平上并未发现显著性差异。如果我们放宽统计检验的标准，将显著水平定为 0.1，则可以认为男女生的认知能力测试标准化得分在 0.1 的水平上边缘显著。由于该样本数比较大，因此我们不建议采用 0.1 的显著性水平。

表 9–10 独立样本 T 检验结果

变量		莱文方差等同性检验		平均值等同性 T 检验						
		F	显著性	T	自由度	显著性（双尾）	平均值差值	标准误差差值	差值 95% 置信区间	
									下限	上限
认知能力测试标准化得分（使用 3PL 模型）	假定等方差	21.008	0.000	–1.744	19214	0.081	–0.021 71	0.012 44	–0.046 10	0.002 68
	不假定等方差			–1.747	19 213.232	0.081	–0.021 71	0.012 43	–0.046 07	0.002 65

第五节　单因素方差分析

当平均值的比较超过两个类别，需要同时对两个以上的样本平均值差异进行检验，这时就需要进行方差分析（Analysis of Variance）。在问卷调查中，较为常用的是单因素方差分析（One-way ANOVA）。

一、方差分析的基本假设

方差分析假定比较平均值的变量是连续变量，方差具有同质性，因变量满足正态分布要求。一般我们采用莱文方差同等性检验来判断样本方差是否同质。然而，无法满足方差齐性假设不是方差分析最致命的问题，可以采用其他方法进行校正。特别是当多个样本组大小不等时，推荐使用布朗－福赛斯（Brown-Forsythe）和韦尔奇（Welch）检验分析。另外，如果组间样本大小相似，即使在无法完全满足正态分布和方差齐性假设时，方差分析仍然有效。

在单因素方差分析中，如果结果呈现出显著性，说明不同组别之间确实存在显著差异，但有时我们更想知道具体有哪些组是有差异的，此时需要通过事后多重比较（事后检验），对两两组别进行对比，而不能仅仅依据平均值的高低进行判断。

二、SPSS 实例详解

下面我们采用"中国教育追踪调查（CEPS）"的学生数据进行演示。

实例 9-5：父母管教对成绩的影响

在本例中，我们要研究父母对孩子的作业和考试方面的管教是否严格对成绩的影响。我们采用学生在 2013 年的语文、数学和英语成绩作为衡量指标。

数据打开的步骤详见第八章第二节。选择［分析（A）］→［比较平均值（M）］→［单因素 ANOVA 检验 ...］（见图 9-13），在弹出的"单因素 ANOVA 检验"对话框中，将变量"学生 2013 年期中考试标准化成绩（均值 70，标准差 10）— 语文［stdchn］""学生 2013 年期中考试标准化成绩（均值 70，标准差 10）—数学［stdmat］""学生 2013 年期中考试标准化成绩（均值 70，标准差 10）—英语［stdeng］"选入［因变量列表（E）:］下面的方框，将变量"你的父母在以下方面管你严不严——作业、考试［b2301］" 选入［因子（F）：］下面的方框（见图 9-14），再点击［选项（O）...］按钮，则出现"单因素 ANOVA 检验：选项"对话框，其中［统计］模块包括 5 个选项：［描述（D）］［固定和随机效应（F）］［方差齐性检验（H）］［布朗 – 福赛斯（B）］［韦尔奇（W）］。勾选［描述（D）］［方差齐性检验（H）］和［平均值图（M）］［布朗 – 福赛斯（B）］［韦尔奇（W）］（见图 9-15），最后点击［继续（C）］和"单因素 ANOVA 检验"对话框中的［确定］按钮。结果如表 9-11 至表 9-14、图 9-16 至图 9-18 所示。

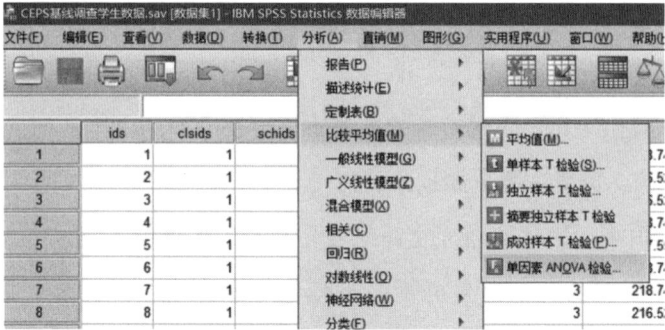

图 9-13 ［单因素方差分析］菜单

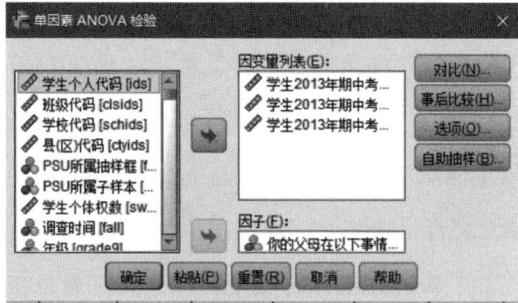

图 9-14 "单因素 ANOVA 检验"对话框

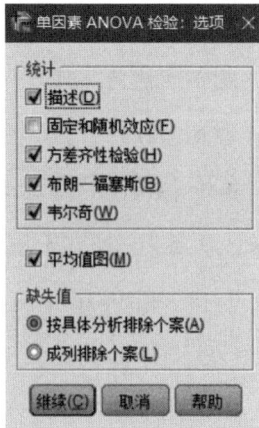

图 9-15 "单因素 ANOVA 检验：选项"对话框

表 9-11 描述了在 3 种管教模式（不管；管，但不严；管得很严）下，学生 2013 年期中考试标准化成绩的人数、平均值、标准差、标准误差、平均值的 95% 置信区间的上下限、最小值和最大值。从表中可以看到，无论是语文、数学还是英语，"不管"组的平均值均低于"管，但不严"组，"管，但不严"组低于"管得很严"组。但是它们之间是否存在显著差异还要看后面进一步统计的结果。

表 9-11　方差分析描述结果 [①]

变量	个案数	平均值	标准差	标准误差		平均值的 95% 置信区间		最小值	最大值
				上限	下限	上限	下限		
学生 2013 年期中考试标准化成绩（均值 70，标准差 10）—语文	不管	552	68.9099	12.398 57	0.527 72	67.8734	69.9465	15.26	94.11
	管，但不严	8970	69.6222	10.188 96	0.107 58	69.4114	69.8331	−2.40	98.47
	管得很严	9408	70.4820	9.459 15	0.097 52	70.2908	70.6732	9.17	97.60
	总计	189 30	70.0288	9.917 03	0.072 08	69.8875	70.1700	−2.40	98.47
学生 2013 年期中考试标准化成绩（均值 70，标准差 10）—数学	不管	554	69.1159	11.426 77	0.485 48	68.1623	70.0695	25.71	98.98
	管，但不严	8961	69.5652	10.110 86	0.106 81	69.3558	69.7745	8.42	98.14
	管得很严	9404	70.5076	9.638 83	0.099 40	70.3127	70.7024	17.51	145.11
	总计	189 19	70.0204	9.932 46	0.072 21	69.8789	70.1620	8.42	145.11
学生 2013 年期中考试标准化成绩（均值 70，标准差 10）—英语	不管	556	69.1691	11.129 69	0.472 00	68.2420	70.0963	34.63	98.57
	管，但不严	8967	69.4337	10.166 95	0.107 37	69.2232	69.6442	14.24	98.20
	管得很严	9403	70.6276	9.591 13	0.098 91	70.4337	70.8214	11.35	107.82
	总计	189 26	70.0191	9.933 41	0.072 21	69.8775	70.1606	11.35	107.82

①表格中标准化成绩的人数之所以稍有差别，是因为每种分数的缺失值个数不尽相同。

表 9-12 显示，语文、数学、英语的期中考试成绩的方差齐性检验的显著性 p 均为 0.000<0.001，这说明学生的语文、数学、英语的期中考试成绩的方差均不齐性。因此需要参考表 9-14 的结果，从表中可以看到，学生的语文、数学、英语的期中考试成绩的韦尔奇统计值分别为 19.992，22.740，35.243，显著性 p 均为 0.000<0.001[①]，这说明，在 3 种管教方式下，学生的各科成绩均在 0.001 的水平上存在显著差异。如果方差齐性（即在方差齐性表格中，显著性 p>0.05），则参照表 9-13 中的 F 值和显著性的结果。在图 9-16 至图 9-18 的平均值图中更形象地展示了 3 种管教方式下学生各科学习成绩的差异。

表 9-12　方差分析齐性检验结果

变量	莱文统计	自由度 1	自由度 2	显著性
学生 2013 年期中考试标准化成绩（均值70，标准差10）—语文	57.200	2	18927	0.000
学生 2013 年期中考试标准化成绩（均值70，标准差10）—数学	40.194	2	18916	0.000
学生 2013 年期中考试标准化成绩（均值70，标准差10）—英语	54.193	2	18923	0.000

①在一般情况下，我们采用韦尔奇检验，仅在数据偏态时使用布朗-福赛斯检验。

表 9–13　方差分析的结果

变量		平方和	自由度	均方	F	显著性
学生 2013 年期中考试标准化成绩（均值 70，标准差 10）—语文	组间	4105.893	2	2052.947	20.918	0.000
	组内	1 857 514.985	18 927	98.141		
	总计	1 861 620.878	18 929			
学生 2013 年期中考试标准化成绩（均值 70，标准差 10）—数学	组间	4542.285	2	2271.142	23.075	0.000
	组内	1 861 788.299	18 916	98.424		
	总计	1 866 330.583	18 918			
学生 2013 年期中考试标准化成绩（均值 70，标准差 10）—英语	组间	6955.937	2	3477.968	35.376	0.000
	组内	1 860 423.052	18 923	98.315		
	总计	1 867 378.989	18 925			

表 9–14　平均值相等性稳健检验结果

变量		统计[a]	自由度 1	自由度 2	显著性
学生 2013 年期中考试标准化成绩（均值 70，标准差 10）—语文	韦尔奇	19.992	2	1476.615	0.000
	布朗－福赛斯	16.498	2	1511.721	0.000
学生 2013 年期中考试标准化成绩（均值 70，标准差 10）—数学	韦尔奇	22.740	2	1492.176	0.000
	布朗－福赛斯	19.985	2	1744.828	0.000
学生 2013 年期中考试标准化成绩（均值 70，标准差 10）—英语	韦尔奇	35.243	2	1500.867	0.000
	布朗－福赛斯	31.488	2	1834.370	0.000

注：a 表示渐近 F 分布。

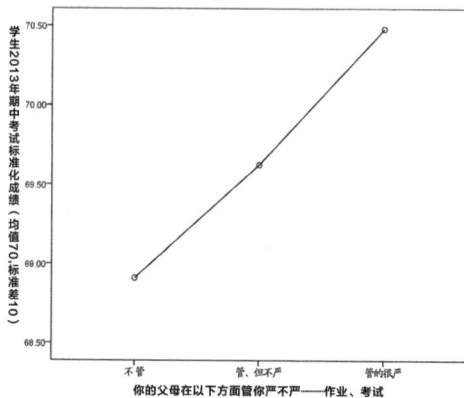

图 9-16　语文成绩平均值图

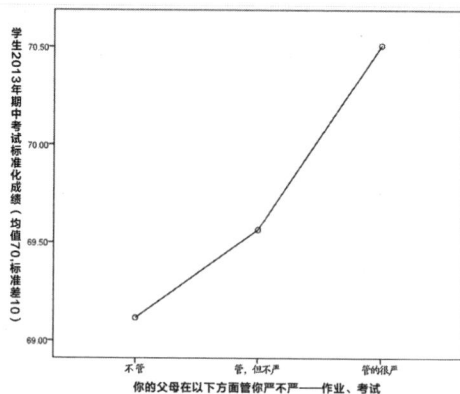

图 9-17　数学成绩平均值图

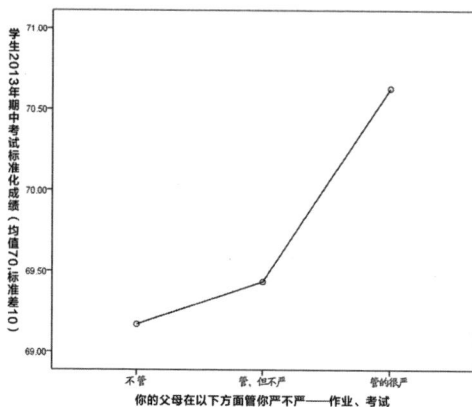

图 9-18　英语成绩平均值图

因为 3 种管教方式下各科成绩存在显著差异，所以接下来，我们需要进一步分析哪些组存在显著差异。在图 9-14 "单因素 ANOVA 检验"对话框中点击［事后比较（H）...］按钮，出现"单因素 ANOVA 检验：事后多重比较"对话框（见图 9-19）。在此对话框中，有两大模块，第一个模块是［假定等方差］，其下列出了事后多重比较的方法，在问卷调查中，比较常用的是雪费法和图基法。雪费法是事后多重比较方法中最严格、统计检验作用最低的方法，因此会出现检验结果无差异但实际上存在差异的情况，这时可以使用图基法（即 Turkey HSD）。第二个模块是［不假定等方差］模块，其下包含 4 种检验方法，比较常用的是［塔姆黑尼 T2（M）］。在本例中，由于方差结果不齐性，我们选择［不假定等方差］模块中的［塔姆黑尼 T2（M）］，结果如表 9-15 所示。

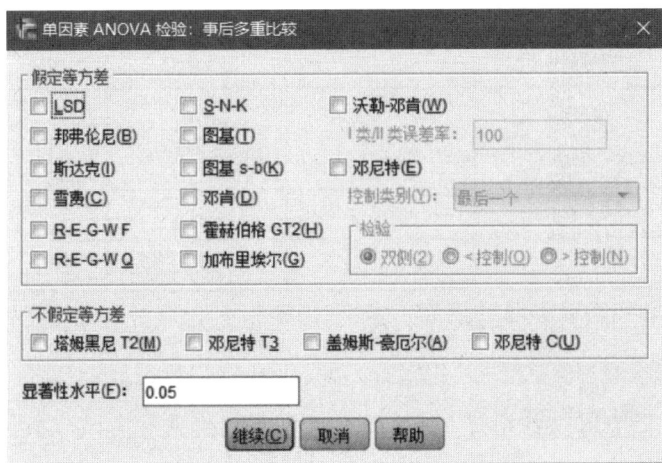

图 9-19 "单因素 ANOVA 检验：事后多重比较"对话框

表 9-15 显示了有显著差异的变量在不同水平上进行两两比较的结果，在表格中平均值差值（I-J）一栏显示了两组平均值的差异，后面的"*"号表明了显著性的水平，一个"*"号表示两组在 0.05 的水平上存在显著差异，两个"*"号表示两组在 0.01 的水平上存在显著差异，三个"*"号表示两组在 0.001 的水平上存在显著差异。显著性一栏显示了显著性水平（p 值）。

表 9-15　多重比较结果

因变量	(I) 你的父母在以下方面管你严不严——作业、考试	(J) 你的父母在以下方面管你严不严——作业、考试	平均值差值(I-J)	标准误差	显著性	95% 置信区间	
						下限	上限
学生 2013 年期中考试标准化成绩（均值 70，标准差 10—语文	不管	管，但不严 管得很严	−0.712 30 −1.572 05*	0.538 57 0.536 65	0.462 0.011	−2.0019 −2.8571	−0.5773 −0.2870
	管，但不严	不管 管得很严	−0.712 30 −0.859 75*	0.538 57 0.145 20	0.462 0.000	−0.5773 −1.2065	2.0019 −0.5130
	管得很严	不管 管，但不严	1.572 05* −0.859 75*	0.536 65 0.145 20	0.011 0.000	−0.2870 0.5130	2.8571 1.2065
学生 2013 年期中考试标准化成绩（均值 70，标准差 10—数学	不管	管，但不严 管得很严	0.449 22 −1.391 64*	0.497 09 0.495 55	0.746 0.015	−1.6394 −2.5782	0.7410 0.2051
	管，但不严	不管 管得很严	0.449 22 0.942 42*	0.497 09 0.145 90	0.746 0.000	−0.7410 −1.2908	1.6394 0.5940
	管得很严	不管 管，但不严	1.391 64 0.942 42*	0.495 55 0.145 90	0.015 0.000	0.2051 0.5940	2.5782 1.2908
学生 2013 年期中考试标准化成绩（均值 70，标准差 10—英语	不管	管，但不严 管得很严	0.264 57 −1.458 44*	0.484 06 0.482 26	0.928 0.008	−1.4235 −2.6131	0.8944 0.3037
	管，但不严	不管 管得很严	0.264 57 −1.193 87*	0.484 06 0.145 98	0.928 0.000	−0.8944 −1.5425	1.4235 0.8453
	管得很严	不管 管，但不严	1.458 44 −1.193 87*	0.482 26 0.145 98	0.008 0.000	0.3037 0.8453	2.6131 1.5425

注：* 表示平均值差值的显著性水平为 0.05。

从表格中可以看到对于语文成绩，父母对作业和考试"不管"的孩子与父母对作业和考试"管，但不严"的孩子的成绩平均值相差 −0.712 30（前一个"不管"的平均值减去后一个"管，但不严"的平均值），差值的标准误差为 0.538 57，显著性 p=0.462>0.05，两者的差值 95% 落在 −2.0019 到 0.5773 之间，结果显示，对于语义成绩，"不管"与"管，但不严"两组之间在 0.05 的水平上不存在显著性差异。"不管"

与"管得很严"两组的成绩平均值相差 –1.572 05，差值的标准误差为 0.536 65，显著性 p=0.011<0.05，两者的差值 95% 落在 –2.8571 到 –0.2870 之间，结果显示，对于语文成绩，"不管"和"管得很严"两组之间在 0.05 的水平上存在显著性差异。"管，但不严"和"管得很严"两组的成绩平均值相差 –0.859 75，差值的标准误差为 0.145 20，显著性 p=0.000<0.001，两者的差值 95% 落在 –1.2065 到 –0.5130 之间，结果显示，对于语文成绩，两组之间在 0.001 的水平上存在显著性差异。对于数学成绩和英语成绩存在同样的趋势。

第十章

问卷调查报告的写作

在完成数据的收集和处理工作以后，就要开始调查报告的写作工作了。通过调查报告的撰写和发表，可以将前期的主要研究发现呈现给其他人，并促成各种形式的沟通、交流。因此，调查报告的撰写非常关键，将直接影响到整个研究的价值。本章主要介绍问卷调查结果的多种呈现方式，并将详细介绍如何撰写论文型调查报告。

第一节　调查报告的类型

问卷调查报告有很多种分类方式，如风笑天教授根据研究报告的性质和功能将其分为描述性报告与解释性报告，根据报告的读者不同将其分为学术性报告和应用性报告，根据研究的性质将其分为定量研究报告和定性研究报告等。[①] 在本节中，我们主要基于调查报告的作用将其分为面向大众的调查报告（纯调查报告）、学术性调查报告（学术论文）、政府参考资料、专著等等。这也是为了告诉读者可以以何种形式去呈现自己的研究结果，特别是除了作为学术论文发表外，还有哪些其他方式和途径。

一、面向大众的调查报告

这种类型的调查报告的写作主体一般是某些专门的社会调查机构，或是政府的某些部门，报告的读者主要是社会大众。这些调查报告经常发表在非学术性读物上，随着互联网的发展，这类调查报告也经常通过网络进行发布，其中不少调查报告一经发布就引起了广泛的社会关注。例如，2020 年 4 月，中国人民银行调查统计司发布的《2019 年中国城镇居民家庭资产负债情况调查》，先是发表在《中国金融》杂志上，之

---

①风笑天：《社会学研究方法》，中国人民大学出版社2009年版，第337—338页。

后又经多个网站发布和转载。该调查报告是中国人民银行调查统计司调查课题组于 2019 年 10 月中下旬在全国 30 个省（自治区、直辖市）对 3 万余户城镇居民家庭开展资产负债情况调查后获得的结果（因为西藏地区数据缺少，这里不对其进行讨论），由于调查结果显示出了中国城镇居民家庭在家庭资产上的巨大差距而引起社会广泛关注。此外，也有不少专门的机构会定期在网络上发表调查报告或统计报告，已经形成了固定的发表模式，如截至 2020 年 4 月，中国互联网络信息中心（CNNIC）的《中国互联网络发展状况统计报告》已经发布了 45 次。

面向大众的调查报告有几个特征：第一，内容结构简单，重点突出，主要呈现调查的结果。撰写这类调查报告的目的主要是为大众了解某些社会现象或社会事实提供数据支撑。因此，其往往开门见山，直接将通过问卷调查得到的结果分类后进行发布，对于存在的问题很少进行深入分析，也较少对问题产生的原因进行解析。第二，内容以描述性统计为主。如《中国互联网络发展状况统计报告》中直接说明了现在中国网民数量是多少，以及网民的学历、性别、年龄的构成等。推论统计因为难以被理解，所以一般也不在这类报告中进行呈现。第三，语言简洁易懂，多用简单的图表描述。由于读者主要为普通大众，这些报告的文字表达非常简洁易懂，而且用简单且多彩的图表来呈现，以增加报告的吸引力和可读性。这些特征可以在以下《2019 年中国城镇居民家庭资产负债情况调查》的摘录中看出。

实例 10-1：城镇居民家庭资产分化明显

调查数据显示，城镇居民家庭总资产均值为 317.9 万元，中位数为 163.0 万元。均值与中位数之间相差 154.9 万元，表明城镇居民家庭资产分布不均衡。城镇居民家庭资产分布不均衡主要体现在以下 4 个方面。

第一，城镇居民家庭资产的集中度较高，财富更多地集中在少数家庭。

将家庭总资产由低到高分为 6 组，最低的 20.0% 的家庭所拥有的资产仅占全部样本家庭资产的 2.6%，而总资产最高的 20.0% 的家庭的总资产占比为63.0%，其中最高的 10.0% 的家庭的总资产占比为 47.5%（见表 10-1）。

表 10-1　居民家庭总资产分布情况

按总资产由低到高分组（%）	均值（万元）	占全部家庭总资产的比重（%）
0—20	41.4	2.6
20—40	99.3	6.2
40—60	164.4	10.3
60—80	282.4	17.8
80—90	493.3	15.5
90—100	1511.5	47.5

第二，区域间的家庭资产分布差异显著，经济发达地区的居民家庭的资产水平高。分经济区域来看，东部地区明显高于其他地区。东部地区居民家庭的户均总资产为 461.0 万元，分别高出中部、西部、东北地区 197.5 万元、253.4 万元和 296.0 万元。东北地区居民家庭的户均总资产最低，仅占东部地区居民家庭的 1/3 左右（见图 10-1）。

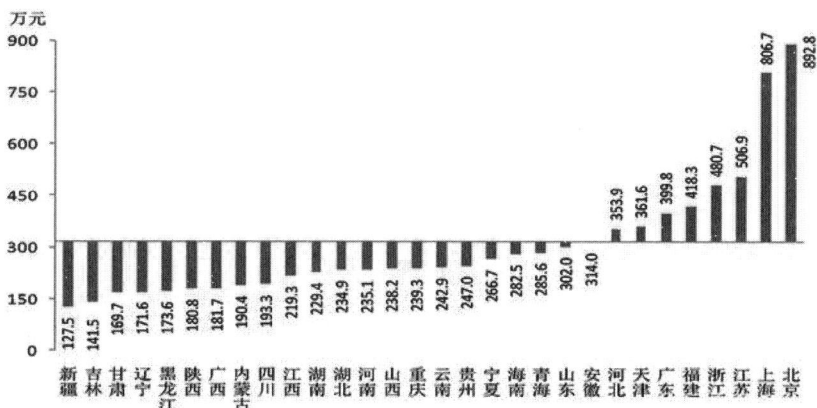

图 10-1　分省份的家庭资产情况

分省份来看，家庭资产最高的 3 个省（自治区、直辖市）为北京、上海和江苏，最低的 3 个省（自治区、直辖市）为新疆、吉林和甘肃，其中北京居民家庭的户均总资产约为新疆居民家庭的 7 倍。

第三，高收入家庭拥有更多资产。将家庭总收入从低到高排序，总收入最高的 20% 的家庭所拥有的总资产占全部样本家庭总资产的半数以上，其中收入最高的 10% 的家庭户均总资产达 1204.8 万元，是收入最低的 20% 的家庭户均总资产的 13.7 倍。

第四，户主的年龄、学历水平及职业均影响家庭资产分布情况（见图 10-2）。一是家庭总资产随户主年龄的提高呈现先增加后减少的特征。户主年龄为 56—64 岁的家庭户均总资产最高，18—25 岁的户均总资产最低。二是户主的学历水平越高，家庭户均总资产越多。户主为研究生及以上学历的家庭户均总资产明显高于均值，高中及以下学历的家庭户均总资产最低。三是户主为企业管理人员和个体经营者的家庭总资产明显高于均值，其余家庭总资产均低于平均水平。[1]

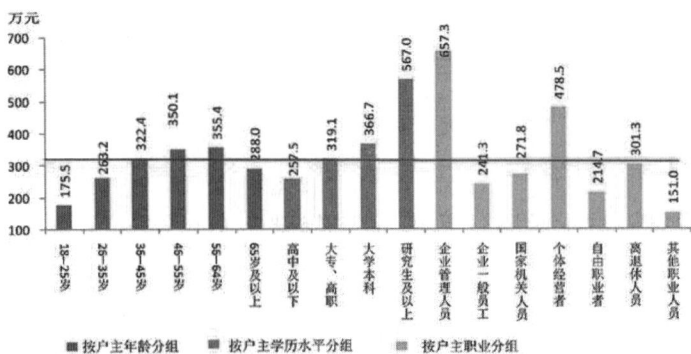

图 10-2　各种分组下的家庭资产情况

[1]中国人民银行调查统计司：《2019年中国城镇居民家庭资产负债情况调查》，新浪财经，2020年4月24日，https://baijiahao.baidu.com/s?id=1664830535681198027&wfr=spider&for=pc。

面向大众的调查报告应该引起更多学者的关注。因为随着互联网的普及，这种类型的调查报告可以将研究结果呈现在更多读者面前，而不是只限于相对范围更小的学术圈。对于某些研究机构来说，定期发布调查报告也已经成为扩大机构影响力的一种重要方式。此外，在问卷设计、抽样方式、数据处理、调查报告的写作及发布等方面，对面向大众的调查报告的要求都比学术论文要低，在具备数据收集渠道的情况下，这类调查报告的发布是相对简单的。

二、学术性调查报告

以学术论文的形式将问卷调查的结果呈现出来是研究者们最常采用的方式。如果在论文数据库中进行收集，就可以发现有大量优秀的基于问卷调查结果形成的论文。学术性调查报告的特点主要有：

第一，有较为严格的结构和格式要求。虽然不同的论文在结构上可能存在一些差异，但是作为调查报告的论文一般都需要包含导言、文献回顾、研究方法、结果和讨论等内容。

第二，更加严谨和专业。如果想要将调查报告作为学术论文发表，那么不论是在问卷的设计、数据的收集、数据的处理、行文表达等方面都需要非常谨慎和规范，以保证科学性。例如，在研究方法的表述上，必须详细而精准，使读者能详细了解该研究过程，以判断研究是否可靠。又如在行文上，基于统计学对不同统计结果的表达有明确的规定（如"结果显著"和"结果倾向显著"），作者不能随意调整和更改，而必须使用学术界通用的表达方式。

第三，研究内容更深入。由于学术性调查报告的受众是同行业的学者，在研究的深度上往往超过面向大众或政府人员的调查报告，调查报告经常需要针对数据分析的结果进行深入讨论，寻找到问题及其原因等。有时候在一篇论文中也会呈现多次调查研究的结果，以证明某些假设或猜测。为了获得更加深入的结论，学术论文中也会使用更加复杂的统计技术和方法。

关于学术性调查报告的写作，我们将在下一节内容中进行详细说明。

三、政府参考资料

调查报告也经常被递交给政府相关部门，供政府部门做决策参考。政府相关部门也经常组织专家学者开展社会调查，并获取社会调查报告。总体上来看，提供给政府相关部门的调查报告大致上可以分为两类。一类是不做公开发表的调查报告，如政府内参。学者们经常将社会调查的结果直接以内参的形式提交到政府部门的各级领导的案头上。当调查报告以内参形式呈现的时候会对调查报告有较为严格的字数限制，一般在3000字左右，因此必须在很有限的篇幅内，用简单的文字将调查的主要发现表述清楚。另一类是公开发表的调查报告。如在政府部门主编的蓝皮书上，经常会出现大量的社会调查结果，对于这类调查报告则没有太严格的字数规定，篇幅也可以较长。

作为政府参考资料的调查报告的特点是：第一，除了提出问题外，对策建议部分往往是调查报告的重点部分。与面对大众的调查报告和学术性调查报告不同的是，作为政府参考资料的调查报告不仅要提出问题，更要提出解决问题的方案，即对策建议。这就要求调查报告的作者对政府的工作有足够的了解；否则就难以提出有效对策，调查报告作为政府参考资料的作用就大大下降。第二，文字表达要简单易读，重点要突出，结论要明确。例如，可以多用图表增强可读性，也可以对某些描述重点内容的文字进行加粗，以方便阅读者直接找到相关内容。第三，尽量以公文的行文风格进行写作。由于学术论文的表达与公文表达有较大的区别，学者们在为政府部门写参考资料时需要特别注意。

四、专 著

大型社会调查的结果也经常以专著的形式呈现，并常常以"××××调查报告""×××××调查"作为书籍名称。此外，承接大型课题和项目的学者在结项后，往往也会将研究的主要发现以专著的形式出版，相关的问卷调查结果自然也在专著中呈现。用专著呈现调查结果的优点是可以对调查的前因后果进行非常详细的梳理，使读者对这一调查的整个过程有更加详细的了解。同时，问卷调查部分对于整个研究所起到的作用也可以得到更好的呈现。

除了上述4种常见的调查报告外，其他还有项目结项报告、工作论文、会议报告、研究记录等，它们也各有作用，因不为此书研究重点，所以在此不做详细介绍。

第二节　调查报告的写作过程

总体上看，调查报告的写作主要包括以下几个步骤：

一、确定报告主题

调查报告的主题与整个研究的主题应该是一致的，也就是说，调查报告的主题应该在问卷调查开展之前，在确定研究问题的时候就已经基本确定。之后的整个研究设计，包括问卷的设计与发放、数据的处理等工作都是围绕着研究的主题进行展开的。但是，有时候研究主题并不能直接拿来做调查报告的主题，原因可能是研究主题比较大，而调查报告的主题相对较小。特别是对于某些大规模的问卷调查来说，可能一次调查可以围绕不同的主题形成多篇调查报告。另外，可能是问卷调查的结果与预想的不同，如没有达到预期的结果，使原有的研究主题无法开展，这时就不得不根据收回的数据重新调整研究主题，以挖掘已有数据中最有价值的部分。此外，有时候根据需要，不仅要对调查报告的对象、调查报告的形式等，也需要对前期确定的主题进行一些调整。

二、拟订详细提纲

在确定研究主题后，即开始围绕主题，根据调查报告的类型拟订提纲，明确调查报告的内容框架。虽然学术性调查报告都具有较为固定的结构，但是在具体内容上，特别是在"结果"和"讨论"等部分，呈现哪些内容需要提前进行思考。假如我们确定的调查报告的主题是"职业技术院校学生对教师的满意度情况"，那么在拟订框架的时候就需要对这部分内容进行细分，可以将其分解为"职业技术院校学生教师满意度的现状""影响职业技术院校学生对教师满意度的因素""教师满意度对学生学习积极性的影响""提高职业技术学校学生教师满意度的方法与路径"等。同时，可按老师的岗位（任课教师、行政教师等）、按学生的年级等，对"职业技术院校学生对教师的满意度的现状"继续进行细分。一般情况下，一个详细的提纲最好能确定三级或四级标题。一个完整详细的提纲将使调查报告的写作过程变得顺畅，能有效提高写作效率。

三、选择合适的材料

研究者在写作时往往面对大量的材料，主要包括文献、回收的数据和数据处理结果、前期形成的观点和看法等。因此，在这个环节要围绕报告的主题和提纲对这些材料进行选择，如选择在文献回顾部分应该放入的主要文献，在结论部分应该放入哪些数据来分析结果。选择合适的材料，会使整个调查报告变得丰满和充实。

需要注意的是，对于一些刚开始进行问卷调查的研究者来说，总是倾向将所有的研究发现都放入一篇调查报告中，但是这种做法往往会使调查报告的内容过多过杂，让研究主题和结果都变得模糊。针对数据很多的调查问卷，围绕不同的主题形成多篇调查报告可能是一种更好的选择。

四、撰写和修改报告

在完成前面的 3 项工作后，实际上调查报告撰写的前期工作都已经完成了，接下来只要围绕主题、按照提纲、结合材料撰写报告即可。风笑天教授认为，研究报告的写作应该是一气呵成的，中间尽量不要在小细节上停下来推敲和修改，以避免打断自己的写作思路和节奏，可在整个调查报告写完后，再反复对其进行阅读和修改。[1] 在调查报告的写作过程中，如果有新的观点和想法产生，可以将其简单记下来，等第一稿写完后，再深入思考是将新想法加入调查报告中，还是形成新的文章。

在研究报告初稿完成后，可以通过小组讨论会等方式，在调查小组内进行讨论和修改，也可以交由同行提点意见。之后需反复修改，保证各种数据计算没有错误、观点及推论正确、语句表达精准等。

---

[1]风笑天：《社会学研究方法》，中国人民大学出版社2009年版，第340—341页。

第三节　学术性调查报告的写作

在完成问卷调查和数据分析后，不少研究者会开始着手将研究发现写成论文并进行投稿，因此本节将重点分析这类论文的结构和写作方法。调查报告性质的学术论文具有较为固定的结构，正文部分一般包括导言、文献回顾、研究方法、结果和讨论等部分，接下来将对各部分进行详细介绍。

一、导　言

导言是论文的第一部分，有时候也可以用"问题的提出"或"研究背景"作为第一部分的标题。导言对于论文来说非常重要，读者会根据导言来判断论文是否有趣和是否具有现实意义，这在一定程度上决定了读者读下去的动力。

导言一般可以包括以下几个内容。第一是研究背景，即整个研究是在什么样的社会背景下展开的。这部分要说明研究者为什么会选择这个问题进行研究，即"问题的提出"原因是什么，这也在一定程度上体现了研究的现实价值。问题提出的原因包括：出现了新的社会现象所以需要进行研究，如政府出台了新的政策；某些社会问题已经开始对社会发展产生明显影响，所以值得被探讨，如大学生"网络成瘾"严重影响学习和生活状态等。第二是研究问题。研究者需要基于研究背景导出要研究的问题是什么，并用较为简单的语言表述清楚。导言的最后也可以用简单的几句话来说明本研究的主要内容或要实现的目标。当然，导言的写作未必一定完全包含以上 3 个部分，有些导言只有研究背景。

导言的写作特别需要注意语言风格，要尽量用简单、生动的语言，同时也可以从某些事例入手，通过举例子或案例分析的方式来吸引读者。

风笑天教授于 2000 年发表在《中国社会科学》上的一篇文章，其导言就非常具有吸引力，摘录如下。

实例 10-2：导言

被美国人口学家称为"怪蛇腹中的猪"的美国战后生育高峰一代（the Baby Boom Generation），是美国"有史以来最不平凡的一代"，"在他们人生的每一个阶段都会由于他们的出现而改变这一阶段的特征，并迫使全国对他们的需要和问题予以特别的重视"。这一代人极大地影响和改变着半个世纪以来的美国社会。在美国"生育高峰一代"出生三十几年后，在地球另一半的中国，则出现了与他们虽不相似，但对中国社会同样具有重大影响的一代新人，这就是从 1979 年开始直到今天仍不断增加着的独生子女。据国家计划生育部门统计，1997 年末，全国领证的独生子女人数已达 5337 万。目前，全国独生子女人数估计已超过 5800 万，差不多相当于整个法国的人口或两个加拿大的人口。

当数以千万计的独生子女从中国大地上涌现出来时，主要由国家计划生育政策而产生的这一代特殊儿童的社会化过程及其结果就成为社会学家关注的焦点。

如今，独生子女政策实施已近 20 年，最早的一批独生子女已进入少年期和青年初期，即中国第一代独生子女已经在中国社会中长成。这些即将完成少年期和青年初期社会化过程、即将作为新公民进入中国社会的独生子女的社会化发展状况究竟如何？其社会化结果与同龄非独生子女有没有差别？他们的社会适应性是否真的"发育不良"？这些正是本项研究得以形成的基本背景，而用经验的、系统的研究结果给出答案，则是本项研究的主要目标。[①]

二、文献回顾与研究假设

文献回顾的内容可以被直接放入导言部分。但是如果文献部分较为重要，且研究问题或者研究假设主要是基于文献研究而不是基于社会问题提出的，那么也可以将文献回顾作为一个部分单独列出。

不少论文并不以"文献回顾"或"文献评述"作为标题，而是直接将文献的核心内容作为标题，这也是可以的。文献回顾非常考验作者的功力，在这个部分有几点需要注意：第一，文献回顾工作在整个问卷调查工作开始前就已经展开了，只有通过文献梳理才能了解现有的关于该问题的研究进度，确定自己研究的"起点"和重点。第二，要对前期的文献梳理结果进行删减，只将与本研究密切相关，且对本研究产生影响的重要文献放入论文，用简洁的语言概括其他文献中与自己的研究最相关的内容。在调查报告中，文献所占的篇幅是有限的，因此不宜，也没有必要长篇大论。第三，文献回顾并不是对文献观点的简单罗列，而是根据一定的逻辑进行梳理。最常见的是按照"条"或者"块"进行整理，"条"是按时间线进行梳理，分析针对某一研究在各个时间段取得的相关成果；"块"是根据自己研究的内容分块梳理文献。

在文献回顾后，研究者可以清楚界定自己的研究的核心概念，可操

---

①风笑天：《独生子女青少年的社会化过程及其结果》，《中国社会科学》2000年第6期，第118—131页。

作化的自变量和因变量，并提出研究假设等。如"满意度"是一个成熟的概念，大量学者都对其进行过界定。研究者可以根据自己研究的需求，选择某一个具有权威性的"满意度"概念，也可以综合已有的概念自己重新界定"满意度"的定义。

在明确核心概念或者变量后，研究者还可以建立研究假设。如下面是刘林平等人于 2011 年发表在《社会学研究》上的文章，在文章的"研究回顾与研究假设部分"，他们提出了以下假设。

实例 10-3：研究回顾与研究假设

基于既有文献，我们认为，权益受损和劳动条件恶劣可能损害外来工的精神健康，而社会支持则有益于外来工的精神健康。为此，我们提出 3 项基本假设。

假设 1：劳动权益状况影响外来工精神健康，具体而言：

1a：被拖欠工资者，精神健康状况更差。

1b：加班时间越长者，精神健康状况越差。

1c：被强迫劳动者，精神健康状况更差。

1d：对劳动权益有意见者，精神健康状况更差。

外来工精神健康是当下他们生存状态的反映，而劳动权益状况直接决定了他们的生存状态。外来工工资水平较低，生存压力较大，被拖欠工资者往往感受到较大的经济压力。在工作中，一般来说，工作时间越久，缺乏自由活动与放松身心的机会，身心会越疲惫，外来工可能产生心理压力及焦虑、烦躁等情绪，也可能因为疲劳而发生工伤事故。被强迫劳动导致劳动者工作并非出于自己的意愿，影响到他们对工作的态度和工作时的情绪，可能会损害精神健康。对劳动权益是否有意见，是一个主观变量，反映了不同外来工对权益状况的敏感程度和主观认识，对劳动权益有意见者的精神健康状况可能更差。

假设2：劳动条件影响外来工精神健康，具体而言：

2a：冒险作业者，精神健康状况更差。

2b：工作环境有危害，精神健康状况更差。

我们采用是否冒险作业及工作环境是否有危害两项指标来测量外来工的劳动条件。劳动安全保障是劳动权益的基本要求，但实际上许多工人因为工作原因经常暴露在对身体健康有毒有害的粉尘、气体或噪音中，或者工作时缺乏基本的安全措施，这样的劳动条件会直接影响外来工的身体健康，一旦身体受到损害，往往会表现在精神健康上。即使身体健康，一时没有受到侵害，但外来工也可能出现焦虑、紧张或恐慌等影响精神健康的心理状态。

假设3：社会支持有益于外来工的精神健康，具体而言：

3a：有企业内部朋友者，精神健康状况更好。

3b：生产班组中有老乡者，精神健康状况更好。

3c：参与社会组织（如工会、共青团和妇联）者，精神健康状况更好。

3d：与本地人交往有困难者，精神健康状况更差。[①]

当然，并非所有的调查报告都会在文中写明研究假设，有大量的研究在提出了研究问题后就不再写研究假设，这同样是可以的。

三、研究方法

研究方法部分对于调查报告类的论文来说非常重要。读者会根据作者对研究方法部分的描写来确定该研究是否科学，是否具有价值。如果

---

①刘林平、郑广怀、孙中伟：《劳动权益与精神健康——基于对长三角和珠三角外来工的问卷调查》，《社会学研究》2011年第4期，第245—246页。

对研究方法部分的描述模糊不清，或是让人觉得不够科学，那么读者对于研究结果自然也就不信任。曾听到某位学者提及，"在拿到一篇论文后，要先看题目和研究方法，如果研究方法不科学，那么整篇论文就没有继续阅读下去的意义"。因为错误的研究方法也只能带来错误的结果而已。在研究方法部分，我们需要解释清楚研究是如何开展的，特别是数据是如何被获得和进行处理的。下面将进行详细说明。

（一）研究的对象

在研究方法部分，我们首先需要说清楚研究的对象是谁，主要是研究哪些人，是研究个体还是群体，是研究这些人的行为方式、思想还是态度。例如，"本研究主要以杭州制造业企业的一线技能劳动者为研究者对象，调查一线技能劳动者对现有工资水平的满意度"。

在一些研究中，往往需要对多个对象进行调查，如对某职业技术院校教育质量的调查研究，可能需要调查在校学生群体、教师群体，甚至用人单位的负责人等。在这种情况下，可能会涉及多个调查，如果将多个问卷调查的结果融入一篇论文中，则需要对不同研究对象的情况都进行说明。

（二）数据的收集方式

数据的收集方式需要进行详细说明，如进行数据收集的主体是谁，是经组织培训过的学生进行的调查，还是由专门的机构负责的调查。由于大多数问卷调查为抽样调查，需要在研究方法部分详细说明抽样的方法，是用了简单随机抽样，或是整群抽样，还是偶遇抽样，并要说明样本被选取出来的过程。此外，也有必要说明到底采用的是哪种问卷发放和回收的方法，是通过问卷平台发放的网络问卷，还是一对一的入户调查，或者是街头的问卷派发；同时，对问卷调查过程中出现的特殊情况（如是否出现了删除某些样本的情况），也都应该进行说明。

（三）数据的回收情况

在数据的收集方式的后面，需要写明数据的回收情况。较为常用的表达是："此次调查共发放问卷 ××× 份，回收有效问卷 ××× 份，问卷的回收率为 ××%。"如果有必要，也可以说明部分问卷无法回收的原因。抽样样本的构成也经常以表格的形式放入数据收集和回收部分。

研究的对象、数据的收集方式和数据的回收情况是研究方法部分较为重要的 3 个部分，这 3 个部分一般单独形成研究方法部分的第一个段落。下面介绍一个例子。

实例 10-4：研究的对象、数据的收集方式和数据的回收情况

由中国社会科学院人口与劳动经济研究组织的"城市流动就业人员就业、居住和融入研究背景调查"项目，是 2008 年 12 月在北京市流动就业人员管理办公室的协助下进行的。其中，抽样先以全市的流动就业人员数量为权重，在各个城区中随机抽取 40 个社区样本，然后在每个社区中采用等距抽样方式随机抽取 25 位流动就业人员。调查共发放 1000 份问卷，回收有效问卷 982 份，其中外来市民 229 人，外来农民工及其家属 753 人，分别占样本量的 23.3% 和 76.7%。这一比例与国家计生委于 2009 年组织的北京等 5 城市的流动就业人员调查结果接近，也与 2005 年北京 1% 人口抽样调查结果接近，因此可以认为此次调查具有较好的代表性，至少能体现中国大城市的流动人口就业问题。为了研究企业培训，仅考虑调查样本中与企业发生劳动关系的那一部分人员，不包括自雇人员和其他从业人员。经过筛选，最终使用的调查数据样本量为 607 个，包括 443 个农民工和 164 个外来市民（见表 10-2）。[1]

---

①戴凤燕：《城市流动就业人员的培训参与和培训收益率——基于北京调查数据》，《中国社会科学院研究生院学报》2020年第3期，第62—66页。

表10-2　调查样本

变量	农民工		外来市民	
	均值	标准误	均值	标准误
受教育程度（年）	10.32	2.43	12.71	2.39
年龄（岁）	30.01	9.48	31.48	8.79
工作经验（年）	13.71	10.24	12.76	9.40
小时工资（元/小时）	8.06	10.00	12.95	19.40
职位	0.28	0.45	0.55	0.50
工作单位	0.15	0.36	0.27	0.44

（四）对研究工具的介绍

研究工具主要包括调查工具、统计分析软件等。对于问卷调查来说，最主要的调查工具就是问卷或量表，因此在研究方法部分也可以对问卷的情况进行一些介绍，如问卷主要包括了哪些部分、题量分别是多少、如何计分等。对问卷的介绍也可以围绕对变量的说明来展开，如某个研究将"学习积极性"作为因变量，则可以在这部分说明在问卷中用哪些指标对"学习积极性"进行了测量。此外，在研究方法的最后，一般也会说明研究使用了什么软件进行了统计分析（如本研究主要使用SPSS 20.0对数据进行分析）。

在孙诚等人的《中等职业教育学生满意度分析——基于全国中等职业学校学生调查的实证研究》一文中，对研究工具的介绍如下。

实例10-5：对研究工具的说明

在上述理论基础上，我们尝试构建了中等职业教育学生满意度测评工具。在经过专家论证、小范围试测、全国正式测试、调查工具修订等多个阶段后，本文形成如下测评指标体系。表 1[1] 中一级指标为满意度模型中的 4 个潜变量，针对每个潜变量进一步细化得到 14 个二级指标，再针对各个二级指标设置 38 个观测点，N1—N38 为各个观测点（问卷题项）。中职学生满意度指数模型是一个组合方程的因果关系模型，包括潜变量之间关系的结构方程和分析潜变量与显变量（测量点）之间关系的测量方程。对满意度结构方程模型进行参数估计最常用的方法有部分最小二乘法（PLS）和线性结构关系分析（LISREL）。PLS 和 LISREL各有优缺点，相比 LISREL 方法，PLS 方法更加关注通过显变量对潜变量的最优预测。本研究采用 PLS 方法进行分析，采用满意度测评软件SmartPls 2.0 来对模型进行检验和估算，并得到各个潜变量指数的得分。[2]

四、研究结果

研究结果是论文的主体部分，研究主要的数据统计结果都在这部分进行呈现。这部分的写作需要注意几个问题。

第一，要有清晰的框架和逻辑，如针对细分的问题列出二级标题，然后在各块内容中列出主要的研究发现。各个部分之间要有一定的逻辑关系，比如先说什么，再说什么，不能让人产生杂乱无章的感觉。

第二，在每一个部分的开始，要再次明确本部分要研究的问题，如 "不同性别的学生在学习积极性上是否有差别呢？" 或者 "为了了解不同性别的学生在学习积极性上的差异，本研究对不同性别组的学生在学习积极性上的结果进行了分析"。在每个部分的结尾，要有一个简短

---

①具体量表可见论文原文。

②孙诚、吴红斌、尹玉辉：《中等职业教育学生满意度分析——基于全国中等职业学校学生调查的实证研究》，《教育研究》2018年第1期，第83—91页。

的总结,如果有研究假设的,则需要说明研究假设是否得到了证明,如"数据显示,女性学生的学习积极性显著高于男性学生,本研究关于男性和女性学生在学习积极性上存在显著差异的假设得到了支持"。

第三,每一个结论都要有直接的数据支持,不能出现过度推测。较为典型的表达是,在结论后面直接显示统计分析的结果,如"研究发现,城乡地区居民在收入上存在显著差距(p<0.001)"。

第四,结果的呈现要清爽客观,多使用如 "调查结果显示""统计分析结果表明"等写法,不要夹杂个人的观点和评论。

第五,在图表和文字的表达上要符合统计学的规范。统计学对于各种公式、图表的格式都有一些明确的要求,因此需要按照科学的标准进行撰写。

下面以郑卫东的《农民工维权意愿的影响模式研究——基于长三角地区的问卷调查》为例。在该文的"结果"部分,首先是分成了两部分内容,"(一)农民工是否有维权意愿的影响因素分析"和"(二)农民工维权方式偏好的影响因素分析",下面内容摘自第二部分内容。

实例 10-6:(二)农民工维权方式偏好的影响因素分析

当权益被侵犯时,1355 名受访者中有 829 名表示有维权意愿,表 4[①]显示了对这些有维权意愿农民工的维权方式偏好的影响因素。

婚姻状况对维权方式偏好影响显著(α =0.10),表现为已婚者更倾向选择"单位内部维权"或"官方渠道维权"而不愿意选择"退出"。教育程度以小学文化程度为参照,只有高中(含中专、职高)与其差异显著(α =0.05),表现为具有高中(含中专、职高)学历者更倾向选择"官方渠道维权",而不是选择"单位内部维权"。表现为月工资额显著影响维权方式偏好,月工资额越高,在"官方渠道维权"与"退出"

---

①表格详见论文原文。

之间更倾向选择"退出"（α=0.05），在"单位内部维权"与"官方渠道维权"之间更倾向选择"单位内部维权"（α=0.10）。

同期群：以"90后"农民工为参照对象，"80后"农民工仅与其在"单位内部维权"和"退出"比较时差异显著（α=0.05），"80后"农民工更倾向选择"退出"；"70后"农民工的维权方式偏好与"90后"农民工无显著差异；相比"90后"农民工，1969年以前的农民工在比较"单位内部维权"与"退出"时更倾向选择"退出"（α=0.01），在比较"单位内部维权"与"官方渠道维权"时更愿意选择"官方渠道维权"（α=0.05）。总体来看，在遭遇劳动权益侵害事件时，"90后"农民工更愿意采取"单位内部维权"，而不愿意选择"退出"或"官方渠道维权"。法律认知水平仅在"官方渠道维权"与"退出"之间比较时影响显著，表现为法律认知水平越高的农民工越倾向选择"官方渠道维权"，而不选择"退出"（α=0.10）。

务工资历与加入社团组织：更换工作次数越多的农民工，越倾向选择"退出"，而不是"单位内部维权"（α=0.05）或"官方渠道维权"（α=0.10）。"技工""主管"的维权方式偏好与"普工"无显著差异；而班组长（领班）与普工相比，更愿意选择"单位内部维权"或"官方渠道维权"，而不愿意选择"退出"（α=0.01）。加入社团组织数量对于农民工的维权方式偏好无显著影响。维权经历评价越积极的农民工越倾向采取"单位内部维权"（α=0.05）或"官方渠道维权"（α=0.10），而不愿意选择"退出"。

单位特征：以民营企业为参照对象，国有企事业单位的农民工更倾向选择"单位内部维权"（α=0.01）或"官方渠道维权"（α=0.01），而不愿意选择"退出"；外资企业农民工的维权方式偏好与民营企业没有显著差别；单位管理的制度化水平对于农民工的维权方式偏好的影响不显著。[①]

需要说明的是，研究结果和讨论两个部分有时候也可以合并在一起（合并为"结果与讨论"），就是在呈现结果之后，马上对结果进行分析和讨论，这样确实比较符合不少人的写作习惯。比如在第四部分为"结果与讨论"的情况下，第五部分可以改为"小结"或是"展望"，简单对全文进行结尾即可。

五、讨 论

如果结果和讨论是分开进行撰写的，那么结果部分则主要显示各种数据和发现，而讨论部分则可以深入地探讨结果出现的原因（是什么原因导致了这些结果）及这些结果可能带来的影响等内容。

写讨论部分需要注意的是，不要再次重复之前结论部分的内容，而是可以在讨论的开头就直接用简洁的话概括本研究的问题已经得出了哪些答案。之后主要写针对这些发现所进行的思考，同时，讨论部分可以进行一些适当的推论，并表达作者的观点。

在讨论部分还可以进行的一个工作就是和已有的研究进行"对话"，比较本研究的发现与其他研究结论有什么异同之处，为什么会存在差异，这也是对文献回顾部分的一个回应。

---

①郑卫东：《农民工维权意愿的影响模式研究基于长三角地区的问卷调查》，《社会》2014年第1期，第120—147页。.

六、小结、参考文献和附录

在论文的最后往往需要做一个非常简短的小结，即对整篇文章的最主要内容做一个概括，也可以提出一些问题和展望。

除非期刊有特殊要求，否则所有在文中使用到的文献都应该在参考文献中列出。参考文献的格式有 GB/T 7714、APA、MLA、芝加哥格式等，需要按照期刊确定论文参考文献的格式，到底是采用脚注还是尾注也同样需要注意。

附录一般是与研究有关，但是又不便放入正文的材料，将这些材料编辑整理后放入附录部分，就不会影响读者对正文的阅读，同时读者如果希望获得更多与研究有关的信息就可以在附录中获取。对于问卷调查，最常见的附录是问卷、量表、指标计算的数学公式、对某些软件的介绍等。当然对于不少期刊来说，可能会需要作者提供相关材料，但是未必会在发表的论文后面放上附录。对于作者来说，最好在正文撰写完后，将相关的材料作为附录放在论文后面，然后将正文和附录一起存入电脑进行存档，这样在下次查找与论文相关的材料时就更容易找到，也不易丢失。

七、摘 要

摘要一般被放在论文的最前面，也有部分期刊将摘要放在最后。摘要对于论文来说非常重要。在数据库中，读者不需要下载论文就可以读到每一篇论文的摘要，摘要写作的好坏将直接影响读者下载该论文的可能性。此外，摘要写作的好坏也能反映作者的学术写作素养，一篇摘要写得很差的论文往往会严重降低审稿人对这篇论文的期待。

摘要的写作非常难，因为摘要的字数非常有限，所以要写出一个好的摘要需要逐字逐句反复斟酌修改。对于调查报告来说，摘要应该包括以下几个部分内容：研究问题（或研究内容）、研究方法（或数据来源）、研究的主要发现和贡献。其中，主要发现和贡献一般是摘要的重点，占到摘要篇幅的1/2以上。摘要的关键在于突出研究的亮点。下面的两篇摘要分别选自风笑天和边燕杰的论文。

实例10-7：摘要的写作1

本文运用5次大规模调查所得的资料，以同龄非独生子女作为参照对象，将青少年问卷与家长问卷相互对比，从性格特征、生活技能、社会交往、社会规范、生活目标、成人角色、自我认识等方面，描述和分析了中国城市第一代独生子女青少年的社会化过程及其结果。研究表明，从总体上来看，城市独生子女青少年的社会化发展是正常的，他们与同龄非独生子女在社会化各个方面的相同点远多于相异点；同时，文章还根据研究发现，给出了"消磨—趋同""变异关键年龄""社会交往补偿"等的理论解释。[①]

实例10-7：摘要的写作2

社会资本是涵义宽泛、内容不确定的学术概念。本文通过对中国1999年五城市调查资料的分析，以社会资本的网络特征为视角，建构了关于社会资本构成、来源及作用的理论框架。借助"春节拜年网"的测量，作者发现：（1）城市居民的社会网络构成和社会资本总量存在显著差异；（2）领导干部、企业经理、专业人员及其他白领阶层拥有优越的社会网络和较多的社会资本积累，小雇主和工人的社会资本处于相对劣势地位；（3）社会资本的优势者，其个人和家庭收入较高，自我社会经济地位的评估亦高。[②]

---

①风笑天：《独生子女青少年的社会化过程及其结果》，《中国社会科学》2000年第6期，第118—131页。

②边燕杰：《城市居民社会资本的来源及作用:网络观点与调查发现》，《中国社会科学》2004年第3期，第15—18页。

第四节 调查报告写作的注意事项

问卷调查报告因为涉及大量定量材料的处理和分析，所以有以下几个方面需要特别注意。

第一，要保持数据和结果的真实性。不能随意对数据进行篡改、删减和编造，这是基本的学术道德规范。定量研究时常会出现原先设定的假设无法被证明，或者与原有观点不符的情况，但是即使如此也要在调查报告中呈现真实的结果，并反思这类结果出现的原因，是因为研究设计出了问题使调查无法反映事实真相，还是原先的假设本身就与事实真相不符。与假设不符的调查结果也是非常有价值和意义的，甚至可能颠覆人们原先的观点，获得重要的发现。

第二，提供足够多的细节，研究应该是可以被复算的。艾尔·巴比曾提出，对于定量资料的记录一定要详细，要提供尽可能多的细节，让读者可以根据报告提供的内容重复这一研究，或者对研究结果进行复算。在国内顶尖期刊上，研究报告性质的论文需要对研究方法和研究过程进行详细的说明，评审专家也会据此判断研究的科学性。而在一些国际顶尖期刊上，虽然期刊刊登出来的内容篇幅是有限的，但是需要研究者提供的补充材料（Supplementary Materials）却非常多，补充材料的篇幅甚至可能是论文篇幅的十几甚至二十倍，这些材料会被放在期刊的网站上，以供读者复查。

第三，结论必须明确，且要说明结论实现所依赖的条件。社会科学方面的研究问题往往非常复杂，有时候为了使研究可以推进，不得不忽略大量的因素，而只对有限的变量进行考虑。如在讨论"影响职业技术院校学生对教师满意度的因素"时可能只调查了某几所职业技术院校的某些学生，只考虑了性别、年级等影响因素，没有考虑专业、课程、年龄等因素的影响。因此，在调查报告的最后部分，需要说明研究存在的可改进之处，以及尚未研究的因素。这不仅使调查报告更加严谨，也为进行后续的研究提供了更好的方向。

参考文献

［1］COHEN B H . 心理统计学［M］. 高定国，等，译 . 上海：华东师范大学出版社，2011.

［2］艾尔·巴比 . 社会研究方法：第十版［M］. 北京：华夏出版社，2005.

［3］艾尔·巴比 . 社会研究方法：第十一版［M］. 北京：华夏出版社，2018.

［4］边燕杰 . 城市居民社会资本的来源及作用：网络观点与调查发现［J］. 中国社会科学 , 2004(3)：136-146.

［5］曹锦清 . 问题意识与调查研究［J］. 社会学评论，2014(5)：3-9.

［6］戴凤燕 . 城市流动就业人员的培训参与和培训收益率——基于北京调查数据［J］. 中国社会科学院研究生院学报 ,2012(3)：62-66.

［7］杜智敏 . 社会调查方法与实践［M］. 北京：电子工业出版社，2014.

［8］风笑天 . 独生子女青少年的社会化过程及其结果［J］. 中国社会科学，2000(6)：118-131.

［9］风笑天 . 社会调查方法：第三版［M］. 北京：中国人民大学出版社，2019.

［10］风笑天 . 社会调查中的问卷设计：第三版［M］. 北京：中国人民大学出版社，2014.

［11］风笑天.社会学研究方法［M］.北京：中国人民大学出版社，2009.

［12］风笑天.现代社会调查方法：第二版［M］.武汉：华中科技大学出版社，2001.

［13］江立华，水延凯.社会调查教程［M］.北京：中国人民大学出版社，2012.

［14］孔伟杰.制造业企业转型升级影响因素研究——基于浙江省制造业企业大样本问卷调查的实证研究［J］.管理世界，2012(9)：120-131.

［15］李莉，黄振辉.实用社会调查方法：第三版［M］.济南：济南大学出版社，2008.

［16］李连江.细说统计——文科生的量化方法［M］.北京：中国政法大学出版社，2017.

［17］李文玲，张厚粲，舒华.教育与心理定量研究方法与统计——SPSS实用指导［M］.北京：北京师范大学出版社，2009.

［18］刘德寰.关于问卷法的题型设计［J］.社会学研究，1995(2)：23-31.

［19］刘建娥.从农村参与走向城市参与：农民工政治融入实证研究——基于昆明市2084份样本的问卷调查［J］.人口与发展，2014 (1)：70-80,112.

［20］刘林平，郑广怀，孙中伟.劳动权益与精神健康——基于对长三角和珠三角外来工的问卷调查［J］.社会学研究，2011(4)：164-184.

［21］陆铭.2006年11月13日在复旦大学的演讲整理.

［22］苗青，陈思静，宫准，等.人力资源管理研究与实践：前沿变量手册［M］.杭州：浙江大学出版社,2015.

［23］邱皓政.量化研究与统计分析——SPSS(PASW)数据分析范例解析［M］.重庆：重庆大学出版社，2013.

［24］水延凯，等.社会调查教程：第四版［M］.北京：中国人民大学出版社，2007.

［25］孙诚，吴红斌，尹玉辉.中等职业教育学生满意度分析——基于全国中等职业学校学生调查的实证研究［J］.教育研究，2018(1)：83-91.

［26］陶维东，陶晓丽，谢超香，等.在SPSS中实现多选题数据录入、转换的新方法［J］.统计教育，2008(1)：19-21.

［27］佟立纯，李四化.调查问卷的设计与应用［M］.北京：北京体育大学出版社，2011.

［28］吴明隆.问卷统计分析实务——SPSS操作与应用［M］.重庆：重庆出版社，2013.

［29］谢英香."90后"大学生网络社交中信任关系的研究：一项教育社会学分析［D］.上海：华东师范大学，2013.

［30］徐琳，郭昌宁.大学生新浪微博自我表露行为及影响因素研究［J］.杭州电子科技大学学报(社会科学版),2016(5)：39-43.

［31］徐云杰.社会调查设计与数据分析——从立意到发表［M］.重庆：重庆大学出版社，2011.

［32］薛海平，张媛.我国初中生学业负担水平与差异分析——基于CEPS2015数据的实证研究［J］.首都师范大学学报(社会科学版),2019(5)：147-166.

［33］于桂兰，陈明，于楠.心理契约与组织公民行为的关系——元分析回顾及样本选择与测量方法的调节作用[J].吉林大学社会科学学报,2013(2)：115-123.

［34］翟振武．社会调查问卷设计与应用［M］．北京：中国人民大学出版社，2019．

［35］张赤东．企业创新类型与特征：战略、行业与规模差异——基于国家级创新型企业全样本问卷调查［J］．科学学研究，2013(6)：932-937．

［36］张厚粲，徐建平．现代心理与教育统计学［M］．北京：北京师范大学出版社，2009．

［37］郑卫东．农民工维权意愿的影响模式研究基于长三角地区的问卷调查［J］．社会，2014(1)：120-147．

［38］周小云，陆文，张秋燕．气象服务调查问卷的设计［J］．广东气象，2010(4)：38-40．

［39］朱红兵．问卷调查及统计分析方法［M］．北京：电子工业出版社，2019．

后　记

本书是一本专门为职教教师而写的问卷调查工具书。

问卷调查是职教老师在开展科研工作时常用的研究方法，这种研究方法看似简单，实际上却需要大量的知识和技巧。在之前的工作中，我们发现，有不少职教教师对问卷调查不了解，在问卷设计、问卷发放和回收过程中存在一些问题，同时，在面对调查数据的处理和调查报告的写作上，也存在很多困惑。因此，需要有一本书对这些问题和困惑做出解答。

本书按照一个研究者通过问卷调查方法开展研究的过程进行编写，从对问卷调查的基本了解开始，到前期准备、样本选择、问卷设计、问卷调查与回收、用SPSS进行数据处理，一直到调查报告（论文）的写作。本书整合了以往关于社会科学研究方法、问卷设计与调查、问卷数据统计分析的书中较为核心的内容，我们希望读者通过阅读本书能掌握从问卷调查到论文写作的整体流程和基本操作。

由于本书主要面向职教教师，我们重点介绍了职教教师迫切希望了解的问卷调查知识，并放入了大量与职教老师日常科研工作相关的案例。希望通过案例的呈现，使职教老师们能够对相关知识点有更加直观的认识，同时也便于大家学习。

参加本书编著工作的老师付出了大量的时间和精力，具体的著述情况如下：浙江理工大学周佳老师负责第六章、第七章、第十章的编写工作；杭州电子科技大学徐琳老师负责第八章、第九章的编写工作；浙江交通职业技术学院王冰老师负责第一章、第五章的编写工作；浙江交通职业技术学院张夸夸老师负责第二章、第三章、第四章的编写工作。

感谢浙江省中华职教社朱国锋教授，主审陈衍教授，浙江工商大学出版社谭娟娟编辑，感谢他们在本书的编写和出版过程中给予的大量帮助和支持。此外，本书引用了大量优秀学者的研究成果，特别是在案例的选择上，选用了很多前人的研究成果，都已经在书中相应部分进行了注释，在此也表示感谢。

本书的编著由于受时间和作者水平的限制，难免存在各种不足，敬请读者批评、指正。欢迎读者将对本书的意见和建议反馈给我们，以便于我们进行进一步的修改和完善。

周　佳

2020 年 9 月于杭州